Karin Wenger
Verbotene Lieder

Karin Wenger

# VERBOTENE LIEDER

Eine afghanische Sängerin
verliert ihre Heimat

Mit einem Nachwort von Andreas Babst

Stämpfli Verlag

## Impressum

Bibliografische Information der Deutschen Nationalbibliothek: www.dnb.de.

© Stämpfli Verlag AG, Bern, www.staempfliverlag.com · 2022

Lektorat: Benita Schnidrig, Stämpfli Verlag AG
Gestaltung und Karten: Stephan Cuber, diaphan gestaltung, Bern
Umschlag: Severin Raeber, Bern, www.kontur.ch
Bilder: Alle Fotos stammen aus dem Familienalbum von Mina Amani und ihren Geschwistern beziehungsweise von Karin Wenger, sie hat Mina in Herat und Istanbul und Minas Bruder Djamal in Olten getroffen. Porträt Karin Wenger: Pia Zanetti; Porträt Andreas Babst: Saumya Khandelwal

ISBN 978-3-7272-6977-6

*Für Raha und Kasra*
*und alle anderen Flüchtlingskinder –*
*mögen ihre Träume in Erfüllung gehen*

# Inhalt

Sehnsuchtsort Afghanistan 9
Minas Kindheit zwischen Afghanistan und Iran 12
Das schwarze Gold 24
Mina wird Schauspielerin 37
Die Angst 40
Mina: Sängerin, Moderatorin, Ehefrau 47
Unterwegs mit den US-Truppen 54
Mina und der heilige Krieg 73
Tee mit dem Talib 76
Minas Fall 79
Besuch im Frauenschutzhaus 82
Mina auf der Flucht 85
Zu Besuch bei Djamal 109
Epilog 115

Die Rückkehr der Taliban 121
Nachwort von Andreas Babst

Quellen 141
Zeittafel 145
Glossar und Personenverzeichnis 155

# Sehnsuchtsort Afghanistan

Vor nicht allzu langer Zeit war Afghanistan ein Sehnsuchtsort. Die schneebedeckten, majestätischen Berge des Hindukusch locken Bergsteiger und Naturfreunde ins Land. Hippies reisen nach Kabul, um dort ihre erste Opiumpfeife zu rauchen. Damals, in den siebziger Jahren, ist Kabul eine Metropole, wo Frauen in kurzen Röcken, das lange Haar unbedeckt, durch die Strassen flanieren. Afghanistan ist in einigen Dingen gar fortschrittlicher als manches europäische Land. So erhalten die Frauen das Wahlrecht bereits 1964 – sieben Jahre vor den Schweizerinnen. Auch touristische und kulturelle Perlen hat es zu bieten. Denn das Land ist aufgrund seiner geografischen Lage von jeher ein Schmelztiegel von Kulturen, Ethnien und ein Durchgangsland für kriegerische Eroberer sowie Händler und Missionare verschiedenster Religionen. Es ist Teil der Seidenstrasse, der Haupthandelsroute zwischen West und Ost, vom Abendland nach China und umgekehrt. Nicht nur Seide, Gewürze, Tee, Porzellan und Teppiche gelangen auf langen Karawanen durch Afghanistan nach Europa, sondern auch die neusten wissenschaftlichen, kulturellen und religiösen Errungenschaften verbreiten sich so am Hindukusch. Die in Stein gemeisselten mächtigen Buddhastatuen in Bamian, die zu den grössten der Welt gehört haben, erinnern lange Zeit an seine buddhistische Vergangenheit. Erst im frühen 8. Jahrhundert, mit der ersten islamischen Eroberungswelle, werden der Buddhismus und andere Religionen aus Afghanistan verdrängt, und der Islam wird vorherrschende Religion. Noch heute kann man die Blaue Moschee, ein architektonisches Meisterwerk aus dem 15. Jahrhundert, in Mazar-e Sharif besichtigen. Die Stadt Herat im Osten Afghanistans gilt mit ihren Glasbläsern und ihrer langen literarischen und musikalischen Tradition als älteste Kulturstadt des Landes. Diese Stadt will ich besuchen, als ich 2011 zum ersten Mal als Korrespondentin nach Afghanistan reise, um für Radio SRF über das Land zu berichten. Damals wird Afghanistan bereits nicht mehr mit landschaftlicher Schönheit und kultureller Vielfalt, sondern mit Zerstörung und islamischem Fundamentalismus in Verbindung gebracht. Jahrzehntelange Kriege haben die kulturellen und zivilisatorischen Errungenschaften zunichte gemacht. Trotzdem will ich mich auf die Suche machen nach diesen Keimen von Schönheit, Kunst und geistigem Widerstand. Ich finde sie überall im Land: im Panjshir-Tal, wo ich die wagemutigen Reiter auf ihren Pferden beim Buzkashi-Spiel bestaune, in Kabul, wo ich einen Musik- und Literaturabend besuche, und in Herat, wo ich die herrschaftliche und frisch restaurierte Zitadelle bewundere. In der einstigen Kulturhauptstadt Herat will ich auch Musikerinnen und Musiker treffen, die für ihre Künste im ganzen Land und oft über die Landesgrenzen hinweg bekannt sind. So besuche ich mit meinem Übersetzer Nematullah Hosainzadeh, den Sänger, Comedian und Direktor des Musikvereins der Stadt. In seinem Tonstudio serviert er uns stark gesüssten Grüntee und erzählt: «Als ich ein Kind war, war Herat noch immer eine weltberühmte Kulturstadt, und Frauen tanzten vor Publikum. Damals schlich ich mich jedes Mal aus dem elterlichen Laden, wenn ich hörte, wie unser Nachbar die Laute stimmte.» Hosainzadeh träumt davon, Musiker zu werden. Doch dann kommen die Sowjets und später die Taliban. Sie zerschlagen alle Träume. «Trotz des Verbots spielten viele Musiker im Geheimen weiter. Wenn sie erwischt wurden, malten ihnen die Taliban das Gesicht schwarz an, hängten ihnen ihr Musikinstrument um den Hals und führten sie so als Abschreckung für andere durch die ganze Stadt.» Herat wird kulturlos, Hosainzadeh und mit ihm Hunderttausende mehr fliehen in den Iran. Seit dem Einmarsch der Amerikaner ist er zurück und singt wieder. «Männer dürfen das jetzt wieder», sagt er, «für Frauen ist es immer noch gefährlich.» Er steht auf und führt uns in einen anderen Raum, wo er uns auf einem Bildschirm ein Musikvideo vorspielt. «Dokhtare Baba», die Tochter ihres Vaters, heisst das Lied. Auf dem körnigen Video erkenne ich Hosainzadeh, wie er in ein palastähnliches Haus eintritt und dort eine junge Frau, seine Tochter, die traurig zu Boden blickt, vorfindet. Die beiden singen im Duett, sie, wie sie sich selbst ihren Ehemann aussuchen will, er von der Liebe zu seiner Tochter. Die junge Frau im Video ist Mina Amani. «Das Lied hat sie berühmt gemacht, aber der Erfolg kommt sie teuer zu stehen», sagt der Sänger, «aber am besten erzählt sie euch ihre Geschichte selbst.» So kommt es im April 2011 zu meiner ersten Begegnung mit Mina. Noch ahne ich nicht, dass damit eine lange Freundschaft beginnen und ich diese junge, mutige Frau und ihre Familie über verschiedene Kontinente und viele Jahre begleiten werde. Eine Reise, die auch heute, mehr als zehn Jahre später, noch nicht zu Ende ist und von der Mina und ich in diesem Buch erzählen, genauso wie vom Heimweh nach einem Land, das von überwältigender Schönheit ist, aber voller Narben.

# Minas Kindheit zwischen Afghanistan und Iran

Mina erwartet mich an diesem Morgen des 22. April 2011 in einer Ecke des Hotelempfangsraums, eingehüllt in einen schwarz-weissen Tschador mit einem Muster, das an eine Tapete erinnert. Neben ihr steht ein Mann, etwas grösser als sie, in weisser, traditioneller Kleidung. Er eilt uns mit langen Schritten entgegen, sie aber rührt sich nicht vom Fleck. Den Tschador hat sie eng um den Körper gewickelt, über den Kopf und bis unters Kinn gezogen. Trotz dieser Verhüllung ist ihre Schönheit sofort erkennbar, ihre fein geschnittene Nase, das kleine Grübchen unter dem sanft geschwungenen Mund und ihre dunklen Augen, die Entschlossenheit ausstrahlen. Als ob die mädchenhafte Leichtigkeit noch nicht ganz gewichen und die Ernsthaftigkeit des Frauseins noch nicht ganz in ihr Leben eingezogen wären. Sie hebt den Kopf, nickt, sagt: «Salam», Frieden. Ein kriegsversehrtes Land, in dem man sich nichts mehr wünscht als das, es bei jeder Begrüssung wiederholt: Frieden.

Erst im kleinen Restaurant dieses unscheinbaren Hotels in Herat legt Mina ihren Tschador ab. Jetzt kommt ihr lockiges, schwarzes Haar, das ihr fast bis zur Taille reicht, unter dem bunten Kopftuch zum Vorschein. Sie trägt enganliegende Jeans und spitze Schuhe, staubig von Herats Strassen. Der Mann hat ihr einen Stuhl vor einen Tisch gerückt, ausser Hörweite von anderen Gästen. Er heisst Mustafa. Die beiden haben erst vor kurzem geheiratet. Mustafa sagt wenig, sitzt still da und schaut seine Frau bewundernd an, als sie mit sanfter, melodiöser Stimme ihre Geschichte zu erzählen beginnt.

Ich heisse Mina Amani, bin Schauspielerin, Sängerin und Fernsehmoderatorin. Geboren bin ich am 21. August 1989, aber wie viele Afghaninnen und Afghanen habe ich keinen Geburtsschein. In meinem Pass steht deshalb der 31. Dezember 1988 als Geburtsdatum. Viele Afghanen kennen ihr Geburtsdatum gar nicht. Sie sagen einfach: «Ich bin im Jahr der grossen Flut geboren» oder «als der grosse Schnee kam». Schon als ich fünf Jahre alt war, stand ich oft vor dem Spiegel und stellte mir vor, ich sei Fernsehmoderatorin. Ich sagte dann zu meinem Spiegelbild: «Hallo, erfreut, Sie hier begrüssen zu dürfen, bitte stellen Sie sich vor.» Ich träumte davon, auf der grossen Bühne Theater zu spielen, Fernsehshows zu moderieren und zu singen wie die Sängerin Googoosh. Im Iran ist sie die Popikone schlechthin, eine mutige Frau mit einer traurigen Kindheit und einem Leben voller Schwierigkeiten. Nach der iranischen Revolution 1979 durfte sie zwanzig Jahre lang nicht singen und auftreten, weil das Frauen verboten war. Ich habe jetzt auch schon lange nicht mehr gesungen und bin nicht mehr aufgetreten. Aber ich denke immer an Googoosh, wie stark und unbesiegbar sie war, wie sie alles still durchlitten hat und am Ende wieder auf der Bühne stand. Ich bin sicher, dass ich irgendwann wieder singen werde. Genau wie Googoosh wusste auch ich schon früh, dass ich es eines Tages schaffen werde. Doch was ich als kleines Mädchen noch nicht ahnte, war, dass Frauen in Afghanistan immer einen Preis für ihren Erfolg zahlen. Davon kann ich ein Lied singen.

Meine Eltern wurden beide in Herat geboren, ich jedoch kam in der iranischen Stadt Mashhad zur Welt, im Mehrabad-Viertel, in der Nähe des heiligen Schreins. Meine Mutter Rahima wollte mich unbedingt Mina taufen, aber mein Vater

Ghollam Sarwar erlaubte das nicht. Er sagte, ich müsse einen Namen aus dem Koran bekommen. Deshalb steht in meiner Geburtsurkunde Ameneh, was etwa bedeutet: jemand, der einen tiefen Glauben hat. Dabei bin ich nicht besonders religiös, bete selten und lese nur ab und zu im Koran. Trotzdem glaube ich an Gott und spreche mit ihm. Immer wieder frage ich ihn, was er mit mir vorhabe, aber noch hat er mir nicht geantwortet. Seit ich mich erinnern kann, nennt mich niemand Ameneh. Mein Vater hat zwar bestimmt, welcher Name in meinem Pass steht, aber am Ende waren es meine Mütter, die meinen Rufnamen bestimmten. Ich habe zwei Mütter, eine leibliche und die, die mich aufgezogen hat. Beide sind stark, und beide hatten ein schwieriges Leben. Starke Frauen mit grossen Leidensgeschichten gehören zu meinem Leben, ja wahrscheinlich gehören sie ganz einfach zu Afghanistan und dem Iran. Manche Lebens- und Leidensgeschichten wiederholen sich von Generation zu Generation. Als ob wir willenlos die Spur verfolgten, die andere für uns gezogen haben, unfähig, unseren eigenen Weg zu finden. Manchmal frage ich mich, ob es nur meiner Familie nicht gelingt, diesen Kreislauf zu durchbrechen, oder ob das auch anderen so geht.

Als meine Grossmutter meine Mutter in Herat zur Welt brachte, war ihr Mann Soldat in der afghanischen Armee. Damals herrschte kein Krieg in Afghanistan, aber mein Grossvater war ein Hitzkopf, und bei einem Streit mit anderen Soldaten wurde er erschossen. So wurde meine Mutter, kaum geboren, zur Halbwaise. Die Schwiegereltern duldeten meine Grossmutter mit ihrem Baby noch eine Weile, aber dann sagten sie zu ihr: «Du bist jung und hast ein Kind, wir haben keinen Platz mehr für dich in unserem Haus. Geh und such dir einen anderen Ort.» Es gab viele verwitwete Frauen, weil es schon damals viele Konflikte gab. Und es gab auch genügend verwitwete Männer, weil Frauen oft bei der Geburt ihrer Kinder starben. Nach dem Tod ihrer Männer dauerte es oft nicht lange, bis die Frauen wiederverheiratet wurden. So war das auch bei meiner Grossmutter. Der Witwer, der ihr Mann wurde, war viel älter als sie und hatte bereits Kinder. Als meine Mutter noch ein Mädchen war, sagte ihr Stiefvater zu ihr: «Du bist ein Waisenkind und brauchst einen Mann. Du heiratest jetzt meinen Sohn.» Sie wollte das nicht, doch die Hochzeit stand bereits fest. Mit elf Jahren wurde meine Mutter die Frau ihres vierzehn Jahre älteren Stiefbruders, als 13-Jährige brachte sie ihr erstes Kind zur Welt. Das war 1979, kurz nach dem Einmarsch der Sowjets in Afghanistan, dem Beginn von jahrzehntelangen Kriegen. Mein Vater war zuerst Regierungssoldat, doch dann schloss er sich den Mudschaheddin an und kämpfte gegen die Eindringlinge. Das Paar zog in den Iran nach Mashhad, und mein Vater pendelte zwischen dem Iran und Afghanistan hin und her. Im Iran fuhr er Lastwagen, um Geld zu verdienen, in Afghanistan kämpfte er. Als meine Mutter 22 Jahre alt war, wurde sie mit mir schwanger. Sie wollte längst keine Kinder mehr und schlug sich immer und immer wieder auf den Bauch. Doch es half nichts, ich wollte auf diese Welt. Der Arzt fragte sie: «Wie viele Kinder haben Sie?» – «Sechs.» – «Sechs Kinder in Ihrem Alter, das ist doch Selbstmord!», empörte er sich und sterilisierte sie, ohne ihr Einverständnis.

Im Dezember 1979 marschieren sowjetische Truppen in Afghanistan ein. Das Land wird zum Opfer im Stellvertreterkrieg zwischen der Sowjetunion und anderen Staaten wie den USA und Saudi-Arabien. Die sowjetische Besatzung dauert ein Jahrzehnt. In dieser Zeit werden verschiedene islamistische Rebellengruppen, die sogenannten Mudschaheddin und ihre Kriegsfürsten, im Kampf gegen die Sowjets von den USA, anderen NATO-Staaten, Saudi-Arabien und Pakistan unterstützt. Auf den Abzug der Sowjets 1989 folgt jedoch nicht Frieden, sondern ein jahrelanger und grausamer Bürgerkrieg, in dem die unterschiedlichen Kriegsfürsten und Mudschaheddin-Gruppen um die Vorherrschaft im Land kämpfen. Dabei legen sie Kabul und andere Städte zu grossen Teilen in Schutt und Asche, sie treiben das Land in den Ruin und die Menschen in bittere Armut oder ins ausländische Exil.

Der Bürgerkrieg in Afghanistan war für mich weit weg. Wir lebten ja im Iran. Mein Alltag war von einer anderen Art Bürgerkrieg geprägt – dem Krieg zwischen meinen Eltern. Es war, als hätte sich mein Vater ein neues Schlachtfeld, einen neuen Gegner gesucht, nachdem er den Krieg in seinem Heimatland hinter sich gelassen hatte. Das Schlachtfeld war unsere Wohnung, meine Mutter war der Gegner, sie versteckte sich jedes Mal, wenn Vater nach Hause kam. Sie bat ihre Eltern immer wieder, sich scheiden lassen zu dürfen, aber weder meine Grosseltern noch mein Vater willigten ein. Erst nach sechs Kindern und mehr als zehn Jahren Ehe, als sie drohte, sich umzubringen, trennten sich meine Eltern. Ich war damals ein Jahr alt. Natürlich wollte uns Mutter bei sich behalten, welche Mutter gibt ihre Kinder schon freiwillig her? Sie flehte ihn an: «Nimm alle anderen Kinder, aber lass mir wenigstens Mina, sie ist so klein.» Aber mein Vater verliess Mashhad und nahm uns alle mit.

Ich glaube, die Gerüchte über ihn und die Scheidung haben ihn aus der Stadt vertrieben. Wir zogen nach Ahvaz, nicht weit weg von der Grenze zu Kuwait. Doch Vater konnte nicht auf sechs Kinder aufpassen, so heiratete er kurz nach der Scheidung die 17-jährige Fateme, eine Iranerin. Sie hatte noch keine Kinder und sollte sich um uns kümmern. Von nun an lebten wir in ihrer Heimat, einer kleinen Stadt in der Nähe von Ahvaz. Wir nannten Fateme Mutter, da sie es war, die uns grosszog, unsere richtige Mutter verschwand ganz aus unserem Leben. Mein Vater arbeitete für die staatliche iranische Ölfirma und fuhr Tanklaster von Ahvaz nach Mashhad. Wir sahen ihn nur selten, meist war er unterwegs. Als wir Jahre später nach Afghanistan zurückkehrten, war er dankbar, dass er gelernt hatte, grosse Lastwagen zu fahren.

Vater sagte uns immer, er werde nicht zulassen, dass wir unsere richtige Mutter jemals wiedersehen würden. Doch auch wenn er ihren Namen nicht mehr aussprach und sie unter unserem Dach nicht mehr dulden wollte, war sie immer präsent wie ein dunkler Geist, der bei allen möglichen Gelegenheiten aus seinem Verlies kroch. Mein Vater war äusserst reizbar, und wenn ich ihn ärgerte, brüllte er mich an: «Du bist genau wie deine Mutter!», und das bedeutete nichts Gutes. So war denn auch ein Wiedersehen mit meiner Mutter keineswegs eingeplant, als wir einmal für eine Einkaufstour nach Mashhad fuhren und dort Vaters Bruder übergeben wurden. Ich war sieben oder acht Jahre alt. Meine Eltern waren ja Stiefgeschwister, und mein Onkel hatte den Kontakt zu meiner Mutter stets aufrechterhalten. Als sie von ihm hörte, dass wir nach Mashhad kommen würden, flehte sie ihn an, ein Treffen zu arrangieren. So kam es, dass wir mit unserem Onkel in ein Einkaufszentrum gingen und er uns dort «einer Freundin» vorstellte. Ich erinnere mich noch gut, wie sie uns umarmt und geküsst hat und wie seltsam mir das vorkam, weil uns meine Stiefmutter Fateme nie in den Arm nahm. Fateme war eine gute Frau, fleissig, passte auf uns auf, erledigte die Hausarbeiten, kochte und wusch. Aber sie hat uns nie gestreichelt, umarmt oder uns ihre Gefühle gezeigt. Meine Mutter war ganz anders. Sie war sanft, liebevoll und aufmerksam. «Was für ein süsses Mädchen», sagte sie zu mir, «aber du bist ja erkältet! Sag deiner Mutter, sie soll dich zum Arzt bringen.» Und dann umarmte sie mich wieder, und ich dachte: «Wer ist diese Frau? Wieso umarmt und küsst eine Fremde Kinder, die nicht die ihren sind?» Weil ich nicht wusste, wen ich da vor mir hatte, vergass ich die fremde Frau bald wieder.

Meine fünf Jahre ältere Schwester Shahla ersetzte mir die Mutter. Wenn ich in ihren Armen einschlafen konnte, war die Welt in Ordnung, und lange Zeit waren wir unzertrennlich. In unserer Stadt gab es nicht viele Möglichkeiten, die Freizeit zu gestalten, und so verbrachten wir Mädchen unsere Zeit mit Näh- und Webunterricht, hie und da gingen wir ins Theater. Musik und Kunst werden im Iran geschätzt, dennoch durfte niemand von uns Geschwistern in den Musikunterricht.

Erst Jahre nach dem Wiedersehen mit meiner Mutter in jenem Einkaufszentrum von Mashhad sah ich sie regelmässig. Das verdankte ich vor allem meiner ältesten Schwester Zahra. Sie war ein sehr wildes Mädchen, sie liebte und vermisste unsere Mutter am meisten. Mit unserer Stiefmutter kam sie überhaupt nicht zurecht, die beiden stritten sich ständig. Als schliesslich ein Mann um Zahras Hand anhielt, stimmte mein Vater sofort zu. Zahra wurde an ihrem zwölften Geburtstag mit einem zwanzig Jahre älteren Mann verheiratet. Nach der Hochzeit lebte sie mit ihm in Ahvaz. Jeden Sommer verbrachte ich die Ferien bei ihr, und so sah ich auch meine Mutter wieder, die aus Mashhad nach Ahvaz gezogen war, um näher bei ihren Kindern zu sein. In Ahvaz heiratete auch sie wieder, einen Iraner. Er hatte nichts gegen unsere

Treffen, unser Vater und unsere Stiefmutter aber erfuhren nie davon. Später trafen wir Mutter auch an den Wochenenden oder wann immer mein Vater weg war. Wir erfanden Ausreden wie «Wir gehen in den Park» oder «Wir gehen spielen», aber nie waren wir alle gemeinsam bei ihr. Es musste ein Geheimnis unter uns Geschwistern bleiben. Doch obwohl wir jeden Sommer viel Zeit miteinander verbrachten und uns nahe waren, nannte ich sie nie Mutter. Für mich war und ist sie bis heute Rahima, die Barmherzige. Als wir 2001 nach Afghanistan umzogen, traf mich der Schmerz wie ein scharfes Messer. Zum zweiten Mal verlor ich meine Mutter.

Auf den Abzug der Sowjets 1989 und den Bürgerkrieg folgen die Taliban, angeführt von Mullah Omar, der bis dahin in einer Koranschule in einem Dorf gelehrt hat. 1994 treten die Taliban im südlichen Kandahar erstmals auf. Damals soll ein Milizführer zwei Mädchen entführt und vergewaltigt haben – Mullah Omar und seine Anhänger erhängen daraufhin den Vergewaltiger. Für die Bevölkerung ist dies ein Hoffnungsschimmer: Die Taliban versprechen der kriegsmüden afghanischen Bevölkerung, Ruhe und Ordnung zu schaffen. Sie erhalten immer mehr Zulauf, auch Überläufer von Mudschaheddin-Gruppen schliessen sich ihnen an, vor allem aber rekrutieren sie ihre Kämpfer in den Koranschulen in Pakistan, die von afghanischen Flüchtlingen besucht werden. Pakistan unterstützt die Taliban, um selbst wieder mehr Einfluss in Afghanistan zu gewinnen. Mit militärischer und finanzieller Unterstützung aus Pakistan und Saudi-Arabien formieren sich die Taliban zu einer schlagkräftigen Bewegung und bringen immer mehr Gebiete unter ihre Kontrolle. Im September 1996 marschieren sie schliesslich in Kabul ein, um das Islamische Emirat Afghanistan auszurufen. In Afghanistan wird von nun an islamisches Recht, die Scharia, durchgesetzt, nach puristischer Gelehrsamkeit interpretiert und mit dem Paschtunwali, dem Rechts- und Ehrenkodex der Paschtunenstämme, vermischt. Die Taliban legen Religion ähnlich konservativ aus wie die Saudis, deren Staatsreligion der Wahhabismus ist.

Unter den Taliban haben Frauenrechte, Toleranz und religiöse Vielfalt keinen Platz mehr in der Gesellschaft. Sie zerstören die historisch bedeutenden Buddhastatuen in Bamian, plündern das Museum von Kabul und verbieten Fotos von Menschen und Tieren. Musik, Fernsehen und die meisten Sportarten sind nicht mehr erlaubt, und selbst Kinder dürfen keine Drachen mehr steigen lassen. Männer müssen Bärte tragen, und Frauen dürfen das Haus nur in der alles verhüllenden Burka verlassen. Die Taliban schaffen das Frauenwahlrecht ab, Mädchen wird es verboten, in die Schule zu gehen, Frauen dürfen nicht mehr arbeiten. Sie verschwinden aus dem öffentlichen Leben. Durchgesetzt werden die Vorschriften mit einer Religionspolizei, ähnlich jener in Saudi-Arabien. Wer die Regeln nicht befolgt, wird ausgepeitscht, ins Gefängnis gesperrt oder öffentlich hingerichtet. Dieben werden Hände und Füsse abgehackt, «Ehebrecherinnen» werden zu Tode gesteinigt.

Das Islamische Emirat Afghanistan wird international geächtet, so dass die Wirtschaft fast vollständig zum Erliegen kommt und die Bevölkerung Hunger leidet. Nur Pakistan, Saudi-Arabien und die Vereinigten Arabischen Emirate anerkennen das Emirat und unterstützen es mit privaten oder staatlichen Geldern. Unter der Herrschaft der Taliban errichten auch unterschiedliche Dschihadisten-Gruppen ihre Trainingslager in Afghanistan, unter ihnen die Al Kaida von Osama bin Laden, der zum Gast der Taliban wird.

Am 11. September 2001 verübt die Al Kaida Anschläge auf das World Trade Center und das Pentagon. Die USA fordern von den Taliban die Auslieferung bin Ladens, doch Taliban-Führer Mullah Omar weigert sich. Wenige Wochen später greift eine von den USA angeführte Koalition von Staaten unter der Bezeichnung Operation Enduring Freedom und im Rahmen des Kriegs gegen den Terror Afghanistan an. Das Taliban-Regime wird gestürzt, die Führung flieht nach Pakistan, wo sie in Quetta den Widerstand gegen die Amerikaner und ihre Verbündeten organisiert.

Der Umzug nach Afghanistan war wie ein Schock für mich. Er kam schnell und unangekündigt. Ich war zwölf, und die Amerikaner waren eben in Afghanistan einmarschiert. Eines Morgens sagte mein Vater: «Die Taliban sind weg, der Krieg ist zu Ende, es wird Zeit, dass wir in unser Heimatland zurückkehren.» Wir Kinder wollten alle im Iran bleiben, aber gegen Vater kam niemand an. So zogen mein Vater und Fateme, meine Schwester Shahla, meine drei Brüder und ich mit Sack und Pack nach Herat. Zahra und ihre Familie kamen erst ein Jahr später zu uns. Sie gebar zwei Söhne und eine Tochter, doch glücklich wurde sie nie mit ihrem Mann. Die Lebensgeschichten wiederholen sich von Generation zu Generation in unserer Familie. Meine Grossmutter, meine Mutter, meine Schwester … Wenn ein Leben von allem Anfang an im Treibsand angesiedelt ist, kann man kein solides Fundament bauen, und der Zerfall ist absehbar.

Von Afghanistan wusste ich nichts anderes, als dass dort Krieg und Armut herrschten. Werde ich in die Schule gehen können, fragte ich mich vor unserem Umzug. Ich fühlte mich durch und durch als Iranerin, den iranischen Gepflogenheiten und der iranischen Kultur verbunden. Als wir in Herat ankamen, war ich eine Fremde, eine Aussenseiterin. Auch wenn das Farsi, das im Iran gesprochen wird, dem Dari in Afghanistan sehr ähnlich ist, hatte ich anfänglich Mühe, die Umgangssprache in Herat zu verstehen. Meine Klassenkameraden hänselten mich: «Schaut sie euch an. Da war sie kurz im Iran, und jetzt gibt sie mit ihrem Akzent an. Geh doch zurück, und nimm deine komische Sprache mit!» Es war schwierig für mich, Freunde zu finden. Ich war ein stilles Kind und zog mich immer mehr zurück. Auch der Schulstoff war anders und bereitete mir Mühe. Wir mussten Paschtu lernen, eine Sprache, die ich noch nie gehört hatte. Im Iran war ich in Arabisch, Koranstudium und anderen Fächern unterrichtet worden, in Herat aber dominierte der Religionsunterricht den Stundenplan, und das ärgerte mich. Ich wollte nicht mehr zur Schule gehen, doch meine Schwester Shahla liess das nicht zu.

In Herat fand Vater eine Stelle als Busfahrer. Obwohl wir nun zurück in seiner Heimat waren, blieb er launisch. Vater hat viele Fehler in seinem Leben begangen. Zahra so jung zu verheiraten war einer davon, doch ich entdeckte auch Seiten an meinem Vater, die mir im Iran verborgen geblieben waren. Er war viel weltoffener als der Rest der Familie, die Herat nie verlassen hatte, und erlaubte mir etwas, was keiner unserer Verwandten seiner Tochter gestattet hätte.

Alles begann mit ein paar Flugblättern, die ein Mann an unserer Schule verteilte. Ich war damals in der neunten Klasse. In grossen Buchstaben stand da: «Das Theater von

Herat sucht eine Schauspielerin! Alter: 15–20 Jahre». Für Herat war das ein unübliches und verwerfliches Angebot, und alle lachten und rissen die Blätter in kleine Stücke. Ich aber steckte eines ein und zeigte es zuhause meiner Schwester Shahla. Das war meine Chance, meinen Kindertraum wahrzumachen. Aber ich wusste, ohne die Einwilligung meines Vaters würde gar nichts gehen. Ich fürchtete mich vor seiner Reaktion und flehte meine Stiefmutter Fateme an, bei meinem Vater ein gutes Wort für mich einzulegen. Sie tat es, und oh Wunder, Vater willigte ein, unter einer Bedingung: Ich durfte nur in Begleitung eines Bruders zu den Proben gehen. So wurde Djamal, der drei Jahre älter war als ich, mein ständiger Begleiter. Da wir immer nur zu zweit im Theater erschienen, erhielt auch Djamal eine Rolle. Wir waren aufeinander angewiesen und Verbündete im Kampf gegen die strengen Regeln unseres Vaters. Ich hatte Glück, dass ich einen Bruder wie Djamal hatte, sonst wären mir Bühne und Film für immer versperrt geblieben. Djamal hat mich auch später immer unterstützt, sogar als er bereits weg war. Er war der Erste unserer Familie, der aus Afghanistan floh. Nun lebt er in der Schweiz und fehlt mir jeden Tag.

Das erste Stück, in dem Djamal und ich spielten, hiess «Aqrab-i Siyah», schwarzer Skorpion. Es war kein Theaterstück, sondern ein staatlich gesponserter Film, einer der ersten nach dem Sturz der Taliban. Die Handlung drehte sich um Drogen, oder genauer: um das grosse und anhaltende Drogenproblem im Land. Der Protagonist war ein Drogendealer, Djamal und ich waren seine Assistenten. Es war eine Art Propagandafilm, um die Leute auf die Drogenproblematik aufmerksam zu machen, wahrscheinlich gesponsert von den ausländischen Truppen, aber genau weiss ich es nicht mehr. Für mich war es der Beginn meiner Karriere.

# Das schwarze Gold

Afghanistan ist das Hauptanbaugebiet von Schlafmohn und weltweit der Hauptlieferant von Opium, aus dem Heroin und Morphin produziert wird. Der Opiumkonsum hat jedoch auch in Afghanistan eine lange Tradition. Alexander der Grosse soll das Opium ins Land gebracht haben. Bei den Tadschiken, Turkmenen, Usbeken und anderen Minderheitengruppen war es Teil des sozialen Lebens. Die Mediziner setzten es ein bei Impotenz oder zur Behandlung von Krankheiten und Schmerzen. Noch heute wird Opium in vielen entlegenen Ortschaften, in denen es keine Kliniken gibt, als einzige Medizin verwendet. Im Norden Afghanistans nehmen die Teppichknüpferinnen Opium, um länger arbeiten zu können. Andere geben es ihren Kindern, damit sie schlafen. Und Quacksalber bieten Opium als Lösung aller Probleme an. Afghanistan hat ungefähr eine Million Drogenabhängige – das sind etwa acht Prozent der arbeitsfähigen Bevölkerung. Tendenz steigend.

Vor dem Einmarsch der NATO-Truppen in Afghanistan wird jedoch nur wenig Opium angebaut. Die Taliban haben am Ende ihrer Regierungszeit Ende der neunziger Jahre ein Opiumverbot erlassen. Sie schieben religiöse Gründe vor, aber eigentlich sind es wirtschaftliche. Denn Afghanistan ist bereits damals einer der weltweit grössten Produzenten von Opium, und wenn weniger davon und vom Heroin, das daraus gemacht wird, auf den Markt kommt, steigen die Preise. Die Taliban profitieren genau davon.

Auch die NATO-Truppen versprechen nach ihrem Einmarsch 2001, den Opiumanbau zu bekämpfen. Als sich die Internationale Gemeinschaft in Afghanistan zu engagieren beginnt, liegt ihr Fokus jedoch nicht auf der Bekämpfung von Korruption und Drogen. Sie hat schlicht wenig Interesse daran. Die Folgen dieser Nachlässigkeit werden schnell augenfällig. 2017 wächst die Gesamtanbaufläche für Schlafmohn in Afghanistan in einem Jahr um 63 Prozent auf 328 000 Hektaren an und erreicht damit einen neuen und bis heute ungeschlagenen Rekord. Im Jahr 2020 liegt die Anbaufläche laut dem UN-Büro für Drogen- und Verbrechensbekämpfung, UNODC, bei 224 000 Hektaren. Das UNODC geht davon aus, dass 2017 etwa 550 bis 900 Tonnen afghanisches Heroin den weltweiten Heroinmarkt erreichen. In Afghanistan ist der Drogensektor schätzungsweise zwischen 4,1 und 6,6 Milliarden US-Dollar wert und stellt damit 20 bis 32 Prozent des afghanischen Bruttoinlandproduktes von 2017 dar. Ungefähr 1,4 Milliarden US-Dollar davon gehen an die Opiumbauern. Der Wert des Drogenexports im Jahr 2017 übersteigt bei weitem den Wert legaler Güter und Dienstleistungen, die im Jahr zuvor exportiert wurden.

Der grösste Teil, nämlich die Hälfte des Schlafmohns, wird in der südlichen Provinz Helmand angepflanzt. 2017 erwirtschaften dort beinahe 85 Prozent aller Bauern ihr Einkommen damit. Das meiste Opium aus dem Süden verlässt Afghanistan über Pakistan. Dort wird es durch die Provinz Baluchistan zur Küste geschmuggelt. Dann führt der Weg in die Golfstaaten oder der Küste entlang in den Iran, die Türkei und den Balkan. Aus den Golfstaaten wird ein Teil direkt nach Europa geschmuggelt. Opium und Heroin aus dem Norden verlassen Afghanistan über Tadschikistan. Viel davon wird in Russland konsumiert.

Unter den NATO-Truppen wird also nicht weniger, sondern mehr Opium angebaut als zuvor. Die Gründe dafür sind laut dem UNODC die politische Instabilität, fehlende Sicherheit und Jobmangel. Zudem unterstützen der Staat und die internationalen Truppen die Bauern kaum, und die Entwicklungshilfe wird nach und nach abgebaut. Opium aber ist eine sichere Investition. Es kann gut und lange gelagert werden, findet immer Abnehmer, und das Preisniveau ist relativ stabil. Und die Bauern erhalten eine Art erweiterten Service: Die Händler bringen ihnen das Saatgut, geben im Voraus Kredite, und nach der Ernte kommen sie und holen das Opium ab. Mit dem Verdienst bezahlen die Bauern das Schulgeld für ihre Kinder und Medizin – alles, wofür sie selbst aufkommen müssen, weil der Staat versagt. Ein Grossteil lebt in Gebieten, die bis zur Machtübernahme der Taliban im August 2021 nicht von der Regierung, sondern von Aufständischen oder Lokalfürsten kontrolliert werden, die Geld mit einer Opiumsteuer und dem einschlägigen Handel verdienen. Opium gilt als eine der Haupteinnahmequellen der Aufständischen, die mit dem «schwarzen Gold» ihren Kampf finanzieren.

Afghanistan hat zwar ein Antidrogenministerium und führt vor der Machtübernahme der Taliban 2021 immer wieder Vernichtungsfeldzüge in den Opiumfeldern durch, diese bleiben jedoch weitgehend symbolisch. Mehr als 80 Prozent des weltweit gehandelten Opiums kommen weiterhin aus Afghanistan.

## Die Zerstörungstour

Im April 2012 komme ich nach Nangarhar, um zu sehen, wie die Regierung gegen die Opiumbauern vorgeht – oder nicht. Die Provinz an der Grenze zu Pakistan galt lange Zeit als Vorzeigeort im Kampf gegen den Anbau von Schlafmohn. 2008 war sie opiumfrei. Das hat sich längst geändert.

Mein Übersetzer Ahmed öffnet seine Weste und zeigt auf den Pistolengürtel: «Extra für den heutigen Ausflug in die Opiumfelder», er lacht. Neben ihm steht ein Polizist, die Panzerfaust geschultert. Vor dem Gästehaus wartet ein grüner Polizei-Pickup. Auf der Ladefläche sitzen fünf Polizisten, alle mit Kalaschnikows und Panzerfäusten bewaffnet. Wir fahren in den Distrikt Shinwar an der Grenze zu Pakistan. Die Fahrt dauert nur eine Stunde, aber die Strecke ist berüchtigt für Taliban-Hinterhalte, Schiessereien und Entführungen. Die Schnellstrasse Richtung pakistanische Grenze wirkt trügerisch sicher. Am Horizont die schneebedeckten Spin-Ghar-Berge, auf beiden Strassenseiten Weizenfelder. Auf einer Hügelkuppe erinnert ein rostiger Panzer an die sowjetischen Invasoren, die längst abgezogen sind und durch andere ersetzt wurden. An diesem Morgen blockieren amerikanische Armeefahrzeuge die Schnellstrasse. Eines der gepanzerten Fahrzeuge ist umgekippt, die anderen stehen quer auf der Strasse, um mögliche Angreifer fernzuhalten. «Stupid Americans», raunen die afghanischen Polizisten. Sie fahren selbst zwar in amerikanischen Fahrzeugen, tragen Uniformen und Waffen, die von den Amerikanern finanziert wurden. Freunde sind sie aber nicht geworden.

Im Innenhof des Polizeihauptquartiers in Shinwar warten zweihundert schwer bewaffnete Polizisten auf ihren Einsatz. Sie sollen die Felder, auf denen Schlafmohn angebaut wird, zerstören. Seit Stunden diskutieren Dutzende von Polizeikommandaten, wo sie mit der Zerstörung beginnen sollen – ob sie überhaupt heute beginnen sollen. Dabei wurde die Zerstörung der Mohnfelder bereits vor mehr als einem Monat angeordnet. Die Durchführung aber wurde hinausgezögert. Niemand wollte sein Leben und sein politisches Kapital aufs Spiel setzen. Im vergangenen Jahr kamen bei der Zerstörung von Mohnfeldern in Afghanistan mehr als 100 Polizisten, Soldaten und Arbeiter ums Leben, auch in Nangarhar – allein da waren es 48 Mann. Ihre Traktoren wurden von simpel gebastelten Bomben in die Luft gesprengt, sie traten auf Minen, verloren Arme, Beine, blieben liegen. Viele wurden gezielt mit Kopfschüssen getötet. In Shinwar warnt der lokale Polizeihauptkommmandant vor der Rache des gefürchteten Khogiani-Stammes, falls die Polizei die Felder des Clans zerstöre. Er fordert mehr Zeit. Haji Zalmai, der Gouverneur, will davon nichts wissen: «Ich habe die Bauern gewarnt: Keine einzige Mohnpflanze werde ich in meinem Distrikt stehen lassen. Alle wussten das. Und jetzt kommen die Bauern, die sich an meine Anweisungen gehalten haben, zu mir und beschweren sich über ihre Nachbarn: ‹Wir haben Weizen angepflanzt, die dort Mohn. Wieso werden sie nicht bestraft?›»

Ich warte schweigend und trinke Schluck für Schluck den Grüntee, den man mir hingestellt hat. Warten gehört ebenso zum Alltag in Afghanistan wie das warme Fladenbrot und der stark gesüsste Tee, der jedes

Warten begleitet. Schier endloses Warten vor und in den Büros des Drogenbekämpfungsministeriums hat mir überhaupt erst den Weg nach Nangarhar geebnet. Ich wollte ein Team begleiten, das Opiumfelder zerstört. Dann, nach vier Tagen geduldigen Teetrinkens, wurde ich zum Minister gebeten, um endlich die Tour zu besprechen. Wenige Tage später fuhr ich mit einem Begleiter aus dem Ministerium nach Jalalabad, Nangarhars Hauptstadt. Im dortigen Gouverneurspalast fand sich eine ganze Delegation von Männern ein, um die Zerstörungsaktion zu planen. Später trugen ein paar Männer Huhn, Reis mit Rosinen, Spinat und Auberginen auf, und alle Anwesenden machten sich gierig darüber her. Dann gingen alle, aber geplant war nichts.

Nach dreistündiger, hitziger Diskussion im Polizeihauptquartier in Shinwar brechen wir endlich mit dem Zerstörungstrupp auf. Schwer bewaffnet fahren wir an Lehmhäusern und einem kleinen, amerikanischen Militärstützpunkt vorbei, raus in die Ebene, auf der sich Wüstenstreifen und Weizenfelder bis an den Horizont erstrecken. Plötzlich hält der Konvoi, und die Polizisten marschieren zielstrebig auf ein Bauernhaus zu. In dessen Innenhof blüht rot der Schlafmohn. Zwischen den Blüten ragen die prallen, unreifen Samenkapseln empor. Ihre grünen Köpfe sind eingeritzt, und aus den Ritzen quillt der weisse Saft. Die Opiumernte hat längst begonnen. Zwei-, dreimal müssen die Besitzer den wertvollen Saft geerntet haben. Gesammelt und getrocknet, verwandelt er sich in eine schwarze, klebrige Masse, eben «schwarzes Gold», wie die Afghanen das Rohopium nennen. Irgendwo müssen schon die ersten Opiumfladen bereitliegen. Die Händler werden sie später holen. Sie zahlen viel mehr, als die Bauern je durch den Verkauf von Weizen oder Gemüse einnehmen könnten.

Die Polizisten warten nicht auf den Besitzer des Feldes. Sie schnallen sich ihre Gewehre auf den Rücken und beginnen sogleich mit der Zerstörung. Mit Bambusstöcken schlagen sie den Mohnpflanzen die Köpfe ab. Am Rand des kleinen Feldes bellt sich ein angeketteter Hund heiser. Hinter einem Tuch hängt eine langsam schaukelnde Wiege. Das Baby scheint zu schlafen. Von der Mutter ist nichts zu sehen.

Nachdem die letzte Mohnpflanze im Innenhof ihren Kopf verloren hat, ziehen die Polizisten weiter zu einem Feld ausserhalb der Hofmauern. Wie wild hauen sie mit ihren Bambusstöcken um sich. Kinder rennen herbei und sammeln die abgeschlagenen Pflanzenköpfe auf. Eine alte Bäuerin mit zahnlosem Mund kommt wild gestikulierend heran, stellt sich vor den Kommandanten und fleht: «Wir sind arm, lasst uns unser Einkommen, lasst uns unsere Pflanzen!» Der Polizeikommandant stoppt seine Männer, die nun ein paar wenige Pflanzen verschonen. Dann nimmt er eine Thermoskanne aus einem Beutel und hält mir einen Becher mit Redbull hin. Nachdem ich getrunken habe, zieht er fragend die Augenbraue hoch: «Reicht das für Ihren Bericht, oder sollen wir noch mehr Felder zerstören?» Erst da wird mir bewusst, dass alles nur eine Show war, ein kleiner Akt der Höflichkeit für mich, einen Gast in einem Land, in dem die Gastfreundschaft so hochgehalten wird.

## Besuch beim Bauern

Bauer Haji Nazer Gul, ein alter Mann mit hennarot gefärbtem Bart, hat vor wenigen Jahren aufgehört, Schlafmohn anzubauen. Ich besuche ihn am nächsten Tag auf seinem Hof, der wenig ausserhalb der Stadt Jalalabad inmitten von Weizenfeldern liegt. «2008 war die Regierung stark. Sie und die Amerikaner gaben uns Geld, Düngemittel, Weizen. Wir hörten auf, Mohn anzubauen. Die Ausländer versprachen uns, Wasserkanäle, Schulen und Kliniken zu bauen. Aber jetzt kriegen wir nichts mehr von all dem, und ihre Versprechen haben sie auch nicht eingelöst. Ich bin arm geblieben.» Deshalb baut er nun wieder Schlafmohn an. Nicht hier gleich neben der Stadt, wo die Regierung und die Sicherheitstruppen noch präsent sind, aber in seinem Heimatort in einem entlegenen Tal der Provinz. Hat er Angst vor den Zerstörungsversuchen der Regierung? Der Bauer schüttelt den Kopf. «Wo meine Mohnfelder sind, wagt sich kein Polizist und kein Soldat hin. Dort herrscht mein Stamm, die Khogianis, und die Taliban sind mächtig. Die Polizei weiss: Versucht sie unsere Felder zu zerstören, jagen ihnen die Taliban eine Kugel in den Kopf.» Der Bauer ist kein Freund der Taliban. Diese verlangen einen Viertel seines Profits als Opiumsteuer. Aber was tun? Wenn die Regierung und die Sicherheitskräfte schwach seien, müsse man sich eben mit den Taliban arrangieren. Mit dem Verkauf von einem Kilo Opium verdient Haji Nazer Gul rund 200 US-Dollar – fast 500-mal so viel wie mit dem Verkauf von einem Kilo Weizen. Taliban und kriminelle Gruppen sind in der Provinz Nangarhar, deren Grenzen zu Pakistan unkontrollierbar porös bleiben, auf dem Vormarsch – die NATO auf dem Rückzug. Da ist klar, für wen er sich entschieden hat.

## Die Opiumhändler

Nach dem Mittagessen – Fladenbrot mit hartgesottenen Eiern – besuche ich das Gefängnis von Jalalabad. Der Gefängnischef sitzt unter einem Mandelbaum an einem langen Tisch, auf den er ein Blatt gelegt hat. Er hebt es hoch und liest ein paar Statistiken ab: «1500 Gefangene, davon ungefähr 500 Taliban, viele Drogendealer.» Er legt das Blatt wieder auf den Tisch. «Wir haben eine Werkstatt und eine Schule im Gefängnis. Sie können befragen, wen Sie wollen.» Er lässt zwei Drogenhändler aus ihren Zellen bringen. Der Erste, hager, glattrasiert, aus Kabul: «Als der Bürgerkrieg hier wütete, war es unmöglich, Geld zu verdienen. Ich wurde Soldat, dann floh ich nach Peschawar. In Pakistan kam ich zum ersten Mal mit Drogendealern in Kontakt. Ich begann, selbst Opium zu kaufen und zu verkaufen, und verdiente 200 US-Dollar pro Kilo. Es war ein gutes Geschäft, bis ich geschnappt wurde.» Der zweite Mann, Farid, ein rundlicher 43-Jähriger, ist Vater von fünf Kindern. Er wurde mit neunzehn Kilogramm Heroin erwischt. Sechzehn Jahre soll er sitzen, seit sechseinhalb Jahren ist er bereits im Gefängnis. Armut habe ihn zum Schmuggler werden lassen. «Jahrzehnte des Kriegs haben Afghanistan zerstört, es gibt kaum Industrie, und andere Jobs sind schwer zu bekommen. So begann ich Opium und Heroin aus dem Land oder über die Grenzen zu schmuggeln.» Farid kaufte das Opium von den Bauern und das Heroin in den Verarbeitungslabors, wo aus dem Opium in einem chemischen Prozess Heroin hergestellt wurde. Einige Labors befänden sich in Afghanistan, die meisten jedoch seien in den Stammesgebieten zwischen Pakistan und Afghanistan angesiedelt. Das Heroin transportierte

Farid anschliessend zu Fuss, per Auto oder Esel nach Herat, von wo es in den Iran gelangte, oder er brachte es nach Pakistan, wo es von anderen Händlern abgeholt wurde. Er verdiente 300 bis 400 Dollar pro Kilo Heroin. Dachte er manchmal an die, welche sich den Stoff spritzen, ihre Zukunft und ihr Leben verlieren? Farid schüttelt den Kopf. «Wir sind nicht schuldig. Die Ausländer kaufen das Opium und das Heroin und machen das grosse Geld damit. Wir handeln mit den Drogen, weil wir arm sind. In meinem Dorf leben dreihundert Familien. Niemand würde Opium anbauen, wenn es eine Alternative gäbe. Aber die gibt es nicht. Opium ist die Rettung der armen Leute.»

## Der grosse Fisch

Ein paar Tage später besuche ich in Kabul Pul Charkhi, das grösste afghanische Gefängnis. Im Innenhof spielen gescheiterte Selbstmordattentäter mit Drogendealern und Kleinkriminellen Volleyball. Haji Lal Jan Ishaqzai darf nicht mitspielen. Er sitzt in einem Hochsicherheitstrakt hinter dickem Stacheldraht und schweren Türen. Eine Verkettung von Zufällen bringt mich zu ihm. Ein Beamter des Drogenbekämpfungsministeriums hat mich ins Gefängnis mitgenommen. Sein Ministerium hatte T-Shirts für die Volleyballspieler gesponsert und braucht PR-Fotos. Ich solle mir das anschauen und danach wieder gehen, doch dann erwähnen die Gefangenen seinen Namen: Haji Lal Jan Ishaqzai, einer der grössten Drogenbarone des Landes. Ich will ihn unbedingt treffen. Der Beamte willigt schliesslich ein. «Wenn Sie den Mund halten und mich reden lassen, kann ich das arrangieren.»

Im Garten vor dem Hochsicherheitstrakt schneidet ein Gärtner das spärliche Gras. Er hält inne und bringt uns einen Teller mit Orangen und Äpfeln. Auf einer Bank liegt eine Hantel aus zwei mit Beton gefüllten Eimern, die an einer Eisenstange befestigt sind. Haji Lal Jan lässt lange auf sich warten. Schliesslich kommt er in Sandalen angeschlurft. 62-jährig, in einen weissen Salwar Kamiz gekleidet, das traditionelle südasiatische Gewand mit dem langen Hemd und der leichten Hose. Der schwarze Bart hängt ihm bis auf die Brust, einige Zähne fehlen, und unter struppigen Augenbrauen schauen mich zwei zusammengekniffene Augen misstrauisch an. Er sieht aus wie ein einfacher Gemüseverkäufer – nicht wie ein schwerreicher Drogenbaron, doch genau das ist er.

Haji Lal Jan Ishaqzai stammt aus der Provinz Helmand im Süden des Landes. Lange Zeit bewegt er sich meisterhaft in allen Welten, jenen der Kleinbauern und der grossen Politiker in Kabul. Grosszügig verteilt er Almosen an die Armen, die Reichen, an Politiker und Taliban. Ein Meister der erkauften Gunst. In den achtziger Jahren beginnt er mit dem Opiumhandel, in den neunziger Jahren baut er Labore auf, um Opium in Heroin zu verwandeln. Nach dem Sturz der Taliban zieht er aus der Provinz Helmand nach Kandahar. Dort findet er in Ahmed Wali Karzai, dem Halbbruder von Präsident Hamid Karzai, seinen politischen Schutzherrn. Doch 2011 wird Ahmed Wali Karzai von seinem eigenen Sicherheitschef umgebracht. Mit dessen Tod verliert auch Ishaqzai seinen Schutz, und er wird im Februar 2012 verurteilt: zwanzig Jahre Haft für den Besitz von 391 Kilogramm Heroin.

Nervös lässt Ishaqzai seine Gebetskette durch die Finger gleiten. Er will vom Mitarbeiter des Ministeriums für Drogenbekämpfung wissen, ob ich eine Geheimagentin der CIA sei. Eine, die ihn nach Amerika ausliefere. Sein Hass auf die Amerikaner scheint grenzenlos. Oder ist es bloss Angst? Amerikanische Soldaten hätten ihn verhaftet, hätten ihm eine Maske übers Gesicht gestülpt und ihn vierzig Tage lang in einen Raum gesperrt. Besuche verboten. «Die Amerikaner tun und lassen, was ihnen passt, ohne auf unsere Kultur und Tradition Rücksicht zu nehmen. Es wird ihnen wie den Russen ergehen. Am Ende werden wir gewinnen. Statt mir Handschellen anzulegen, hätten mir die Amerikaner eine Medaille geben sollen.» Denn er sei ein gottesfürchtiger Bürger und stolzer Afghane, der nicht wie viele andere das sinkende Schiff verlassen habe. «Ich liebe Afghanistan. Deshalb bin ich hier. Deshalb habe ich all mein Geld in Afghanistan investiert und sitze nicht in einem grossen Haus in Dubai. Frag die Bewohner von Kandahar: Ich habe ihnen geholfen, ich war ihr Wohltäter, und mein Haus steht gleich neben jenem des Gouverneurs. Selbst Präsident Karzai sagte: ‹Wenn du ein Drogenhändler bist, dann investier das Geld in Afghanistan.› Das habe ich getan. Nun bezahle ich dafür.»

Gleich jetzt könnte er uns in einem Helikopter Tausende von Hektaren Mohnfelder in Mazar-e Sharif, Farah und Helmand zeigen, sagt der Drogenbaron. Aber für ihn sind nicht Anbau und Handel das Verwerfliche, nein, er verachte all jene, die Afghanistan im Stich liessen. Und dann sagt er unzweideutig: «Ich sitze hinter Gittern. Meine Arbeit bleibt unverrichtet, aber andere werden sie erledigen. Wie lange wollt ihr Drogenhändler einsperren? Ihr werdet keinen Platz mehr in den Gefängnissen haben, wenn ihr sie alle verhaften wollt.» Bevor er in seiner Zelle verschwindet, legt er dem Mitarbeiter des Ministeriums die Hand auf die Schulter und sagt fast drohend: «Bring mir einen Fernseher, wenn du das nächste Mal kommst.»

Zwanzig Jahre Haft für Haji Lal Jan Ishaqzai. Er wird sie kaum ganz absitzen müssen. Mit einem Dekret des Präsidenten wäre er frei. Dass er daran arbeitet, bezweifelt in Kabul niemand. Schliesslich hat er genügend Geld und gute Beziehungen bis in die höchsten politischen Ebenen. Hohe Politiker gehen bei Haji Lal Jan Ishaqzai ein und aus, auch im Gefängnis.

Und tatsächlich, knapp drei Jahre später, am 1. Januar 2015, wird Haji Lal Jan Ishaqzai freigelassen. Ich lese es in der «New York Times». Bereits im April wurde er vom Gefängnis in Kabul in ein kleineres Gefängnis in Kandahar verlegt. Dort unterzeichneten Richter alle nötigen Papiere für seine Freilassung. Er floh sofort nach Pakistan. Laut afghanischen Untersuchungen habe er Schmiergelder in der Höhe von 14 Millionen US-Dollar an verschiedene Personen im Justizministerium, an Richter und Vertreter der Gefängnisbehörde für seine Freilassung bezahlt. Von wegen Liebe zu Afghanistan.

## Mina wird Schauspielerin

Im kleinen Hotel in Herat, wo mir Mina ihre Geschichte erzählt, stehen inzwischen bereits mehrere leere Teegläser auf dem Tisch. Mina steht auf und tritt ans Fenster. Sie braucht eine kurze Pause. Ihr Mann Mustafa geht zum Tresen und bittet die Bedienung, uns eine Kanne mit frisch gebrühtem Kaffee zu bringen, dann kommt Mina zurück und erzählt weiter.

Mit Drogen hatte ich nur jenes eine Mal zu tun, als Djamal und ich im Film «Schwarzer Skorpion» die Assistenten des Drogendealers spielten. Nie in meinem Leben habe ich Drogen angerührt. Mein Leben war das Theater, das mir ein neues Universum eröffnete und mich veränderte. Viele Jahre lang war ich ein schüchternes, zurückgezogenes, von Ängsten geplagtes Kind gewesen. Diese Ängste wurden stärker, als wir nach Afghanistan zogen. Überall lauerten Gefahren draußen vor der Tür und drinnen, wo mein Vater für uns Entscheidungen traf. Auch mich wollte er wenige Monate nach unserer Ankunft in Herat verheiraten.

Ich war dreizehn, als mein Onkel bei meinem Vater vorsprach und für seinen Sohn um meine Hand anhielt. Mein Vater hatte keine Einwände und versuchte mich zu beruhigen: «Das ist ein guter Mann für dich, mach dir keine Sorgen.» Kurz darauf besiegelten die Familien die Abmachung mit einer kleinen Verlobungsfeier. Ich aber weigerte mich, den Ring anzunehmen, und drohte, mich umzubringen, wenn sie mich zwingen würden, meinen Cousin zu heiraten. Es war keine leere Drohung, denn wer will schon mit dreizehn mit einem Mann verheiratet werden, den sie nicht liebt? Mein Leben wäre zu Ende gewesen, da hätte ich mir gleich selbst das Ende bereiten können. Mein Bruder Djamal hielt zu mir und versuchte, meinen Vater davon zu überzeugen, dass dieser Cousin nicht der richtige Mann für mich und ich sowieso noch viel zu jung zum Heiraten sei. Doch wie immer blieb mein Vater stur. Er hatte mich dem Sohn seines Bruders versprochen, und dieses Versprechen zu brechen, hätte bedeutet, sein Gesicht und seine Ehre zu verlieren. Und was tat Djamal? Er kaufte einen Benzinkanister und stellte ihn für alle gut sichtbar in unseren Innenhof, dann ging er zu Vater und drohte: «Wenn du Mina ins Unglück stürzen willst und sie sich umbringt, dann gehen wir alle mit in den Tod. Wir sind eine Familie.» So zwang er meinen Vater, meine Tante und meinen Onkel aufzusuchen und die Verlobung aufzulösen. Meine Verwandten weinten und klagten: «Unser armer Sohn! Welche Schande für unsere Familie», doch mein Vater hatte resigniert: «Mina wird sich umbringen, und ihre Schwestern und Brüder werden es ihr gleichtun. Falls ihr auf der Hochzeit beharrt, könnt ihr ihre toten Körper an die Feier tragen.» Jahre später heiratete ich einen anderen Cousin, aber das war meine Entscheidung.

Auf der Bühne war ich frei, leicht und glücklich. Es war, als ob Ängste und Traurigkeit von mir abfallen würden, sobald ich in eine andere Rolle, ein anderes Kostüm schlüpfte. Während ich früher viel zu gehemmt war, um mit anderen Leuten zu sprechen, scheute ich mich auf der Bühne nicht, vor vielen Menschen mit fester Stimme zu reden. Ich konnte lachen und weinen und mich jeden Tag neu erfinden. Und so begann sich auch langsam mein Leben ausserhalb des Theaters zu verändern. Die Gegenwart anderer Menschen verlor ihre Bedrohlichkeit, ich begann sie sogar zu geniessen.

Das Theater und der Film wurden meine neue Heimat, und diese war viel grösser als Herat. Wir traten an einem Festival in Mazar-e Sharif auf, und später spielte ich in vielen Filmen. Einer davon hiess «Madrese», Schule. Vielleicht findet man ihn auf Youtube. Livevorstellungen waren in Herat nicht möglich, das war zu gefährlich. Die Stücke wurden aufgezeichnet und dann im Fernsehen gezeigt. Aber ein-, zweimal im Jahr gingen wir nach Kabul. Wir spielten im Hotel Intercontinental, wo es strenge Sicherheitsvorschriften und viele Wachen gab, aber wirklich sicher fühlten wir uns trotzdem nie.

Am 28. Juni 2011 greift eine Gruppe von neun Taliban-Kämpfern, unter ihnen auch Selbstmordattentäter, das Hotel Intercontinental in Kabul an. Zu jener Zeit befinden sich ungefähr siebzig Gäste im Hotel, auch dreissig Provinzgouverneure. Sie haben sich zu einem Treffen versammelt, um über den Transfer der Sicherheitsverantwortung des Landes von den ausländischen Truppen an die Afghanen zu beraten. Beim Angriff sterben mindestens 21 Personen. Am 20. Januar 2018 greifen Kämpfer des Haqqani-Netzwerks, einer militanten Gruppierung, die eng mit den Taliban zusammenarbeitet, das Hotel Intercontinental erneut an. Nach einem 12-stündigen Gefecht sind vierzig Personen tot, darunter vierzehn Ausländer.

# Die Angst

«Wen wollen Sie sonst noch sehen? Mehr Drogendealer? Taliban, Selbstmordattentäter? Ich kann Ihnen bringen, wen sie wollen.» Ich überlege einen Moment. Ich bin nicht nur wegen der Drogenreportage nach Jalalabad gekommen, sondern auch, um zu erfahren, wer die Taliban sind und was sie bewegt, sich und unschuldige Zivilisten in den Tod zu reissen. Nun bin ich im Gefängnis von Jalalabad mit dieser absurden Wahl möglicher Interviewpartner konfrontiert. «Selbstmordattentäter», antworte ich schliesslich. Der Gefängnischef lässt einen jungen Mann holen, Hidayatullah, einen gescheiterten Selbstmordattentäter. Im Oktober 2011 wurde er losgeschickt, um ein Attentat auf Gul Agha Sherzai, den Gouverneur von Nangarhar, zu verüben. Hidayatullah tritt aus einer Zelle in den Hof und setzt sich auf einen Plastikstuhl. Er erhebt sich noch einmal und rückt den Stuhl etwas weiter von mir weg, dann dreht er sich demonstrativ von mir ab.

## Der gescheiterte Selbstmordattentäter

Der junge Mann hat nur leichten Flaum auf der Oberlippe und Haare, die beinahe seine Augen verdecken. Alles an ihm wirkt knabenhaft. Über seinen braunen Kamiz, sein langes Hemd, hat er ein weisses Tuch geworfen. Er starrt auf seine schwarzen Plastiksandalen und reibt sich die Hände. Ich bitte ihn, mir seine Lebensgeschichte zu erzählen. Als er zu sprechen beginnt, tut er es leise und widerwillig: «Ich bin achtzehn, geboren in Kandahar. Mein Vater war Taxifahrer. Er hat mich in eine Koranschule in Quetta in Pakistan geschickt. So musste er nichts für meine Ausbildung und Unterkunft bezahlen.» Auf die Koranschule folgte ein halbes Jahr in einem Ausbildungslager der Taliban in Waziristan. «Pakistaner, Iraner, Afghanen, Usbeken und Saudis lehrten uns den heiligen Koran und wie man mit der Waffe umgeht. Sie erzählten uns auch von den Problemen der Muslime in anderen Ländern, wie dort der heilige Koran verbrannt wird und Musliminnen vergewaltigt werden.» Die teuflischen Westler zu töten, dafür hätten sie trainiert. «Westler sind die Feinde Gottes und des Propheten. Wenn ich sie umbringe, wird Gott glücklich sein, und ich werde ins Paradies kommen. Alle müssen umgebracht werden.» Dann schweigt er. Auch ich weiss nicht, was sagen, was fragen, um diese Mauer der Propaganda durchbrechen zu können. Kann es wirklich so einfach sein? Ein armer Junge, eine Lehre des Hasses, jahrelange Gehirnwäsche – reicht das, um einen Dorfjungen in einen Attentäter zu verwandeln? Hidayatullahs Gott ist ein wütender Gott, der den Menschen eine Lehre voller Hass hinterlassen hat. Milde, Gastfreundschaft und Vergebung, wie sie der Islam auch lehrt, haben darin keinen Platz. Schiiten und Anhänger moderater islamischer Strömungen sind für Hidayatullah genauso Ungläubige wie Christen. Sie müssten alle umgebracht werden. Die Welt müsse ein grosses islamisches Emirat werden. Was bedeutet das genau, ein grosses islamisches Emirat? Wer lebt darin, was arbeiten seine Bewohner, und was wünschen sie sich? Hidayatullah schweigt. Und der Selbstmordanschlag? Wie kann er ihn rechtfertigen, wenn selbst der Koran Selbstmordattentate und die Tötung Unschuldiger verbietet? Hidayatullah schweigt. Er, dessen Name «Führung Gottes» bedeutet, wirkt auf einmal hilf- und orientierungslos. Plötzlich hebt er den Blick und sagt heftig und laut: «Wenn einer mit Ungläubigen zusammenarbeitet, ist er selbst ein Ungläubiger. Ungläubige müssen sterben, genauso wie ihre Helfer.» Deshalb habe er den Gouverneur von Nangarhar umbringen wollen, der arbeite schliesslich mit den Amerikanern zusammen. Wieder wird es still, dann steht am Tischende ein Mann auf, der schweigend zugehört hat, und schaut Hidayatullah direkt in die Augen. «Los, sag ihr schon die Wahrheit! Sei kein elender Feigling.» Nun steht auch Hidayatullah auf. Er will zurück in seine Zelle. Bevor er abgeführt wird, schaut er mich zum ersten Mal an: «Ich würde es wieder versuchen. Dich würde ich auch umbringen.» Ich spüre, wie etwas in mir hochsteigt, heiss und diffus. Ist es Wut? Angst? Unverständnis? Ich sitze still in dieser heissen Wortlosigkeit. Erst später werde ich mich fragen: Wäre es besser, wenn Hidayatullah gestorben wäre, durch sein eigenes Attentat oder von anderen ermordet? Gibt es Fälle, wo es legitim ist, jemanden zu töten, damit andere leben können? Wie hoch können Mauern des Hasses höchstens sein, dass sie noch eingerissen werden können, und was würde man dahinter finden? Verletzlichkeit? Angst? Sehnsucht?

Was der junge Afghane nicht sagt, erzählt später der Mann, der am Tischende so abrupt aufgestanden ist. Er verhörte Hidayatullah als Erster, nachdem ihn Anwohner verstört, verängstigt und allein in einer Moschee vor Jalalabad gefunden und zur Polizei gebracht hatten. Sein Cousin und andere hätten Hidayatullah gezwungen, Selbstmordattentäter zu werden, und ihn mit Drogen ruhiggestellt. Doch Hidayatullah hatte Angst, und statt zum Gouverneurspalast zu fahren, habe er sich in der

Moschee verkrochen und seine Selbstmordweste hinter einem Baum versteckt. Als er am Morgen in der Moschee gefunden wurde, habe er gesagt: «Ich bin ein Selbstmordattentäter. Verhaftet mich.» Hidayatullah glaubte nicht ans versprochene Paradies, er wollte leben.

## Das Gästehaus

Zwei Jahre nach meinem Treffen mit dem gescheiterten Selbstmordattentäter, im März 2014, werde ich mit meiner eigenen Angst konfrontiert. Ich bin in meinem gewohnten Gästehaus Park Palace in Kabul einquartiert. Die Zimmer sind hell und einfach, im Innenhof blühen Rosen, und im Esssaal läuft immer Al Jazeera. Man hört einen altersschwachen Generator, der oft genau dann ausfällt, wenn ich meine Beiträge übermitteln muss. Aber das «Park Palace» ist klein und unauffällig, und deshalb habe ich mich hier bisher immer sicher gefühlt. Trotzdem schlafe ich schlechter als sonst. Es hat unlängst vermehrt Anschläge auf Hotels und Gästehäuser wie dieses gegeben. Vor wenigen Tagen griffen Kämpfer das Luxushotel Serena an und ermordeten vier Afghanen und fünf Ausländer – und das obwohl das «Serena» wie ein Bunker gesichert ist. Unser Gästehaus hat zwei Wachen, die oft schlafen, und es hat nur einen Eingang. Wohin fliehen, wenn Bewaffnete das Gästehaus stürmen sollten? Ich höre auf mein Bauchgefühl und ziehe am nächsten Morgen zu Freunden um.

Einen Tag später. Als die Bombe explodiert, spüre ich den Druck, dann höre ich einen dumpfen Knall, das Scheppern von Fensterscheiben. Erst später erfahre ich: Taliban-Kämpfer haben ein Gästehaus von Ausländern angegriffen. Einer sprengte sich beim Eingang in die Luft. Es sterben mehrere Personen, auch der Leichnam eines 10-jährigen Mädchens wird später in der Nähe entdeckt. Eine verirrte Kugel hat es getroffen. Viele ausländische Zeitungen berichten über den Angriff, nicht wegen des Mädchens, sondern wegen der Ausländer, die angegriffen wurden. Sie haben alle überlebt. In einem Land, wo täglich Bomben explodieren, werden ein paar tote Afghanen aus der Berichterstattung ausgesiebt wie störende Steine im Getriebe. Erst wenn viele Afghanen sterben oder ein paar Ausländer angegriffen werden, schaffen sie es in die internationalen Schlagzeilen. Das ist der Zynismus des Nachrichtengeschäfts. Er frustriert mich immer wieder aufs Neue.

### Tod einer Kollegin

4. April 2014. Heute hat ein afghanischer Polizist die deutsche Fotografin Anja Niedringhaus in Khost erschossen. Ihre Kollegin, die kanadische Journalistin Kathy Gannon, wurde schwer verletzt. Die beiden sassen in einem Wagen eines Wahlkonvois. «Gott ist gross!», habe der Polizist gerufen und geschossen. Morgen sollen Präsidentschaftswahlen in Afghanistan abgehalten werden. Wir, viele ausländische Journalisten, sind in Afghanistan, um darüber zu berichten.

Wie arbeiten, wie reisen, wenn man nicht mehr weiss, wer Feind und wer Freund ist? Ich frage mich, wann es Zeit ist abzureisen, wann diese Arbeit nichts mehr bringt, weil man Lügen und Wahrheit nicht mehr unterscheiden kann, weil man sich nicht mehr aus dem Hotel wagt, weil die Angst allgegenwärtig ist.

## Die Bank

Ein Jahr später, im April 2015, spaziere ich in Jalalabad mit meinem Übersetzer dem Fluss Kabul entlang. Wir trinken Grüntee und essen gegrilltes Huhn. In einem kleinen Laden der Stadt habe ich eine neue Burka gekauft, damit ich in Jalalabad weniger auffalle. Die Burkas sehen hier etwas anders aus als in Kabul. «Mitternachtsblau» sagte der Verkäufer, als er mir die Burka reichte. In diesen Augenblicken am Fluss riecht das Leben nach gegrilltem Lammfleisch und Rosen. Ich denke an die Worte eines Kabuler Freundes: «Früher fuhren wir nach Jalalabad, weil es dort die besten Orangen gibt und die schönsten Blumen. Man roch sie, schon lange bevor man in der Stadt ankam. Heute fahren wir nicht mehr hin. Bereits der Weg nach Jalalabad ist zu gefährlich.»

Ein Tag später – alles vorbei. Verpufft der Duft von Orangen und Rosen und gegrilltem Lammfleisch, verwaschen das Mitternachtsblau. Ein Selbstmordattentäter hat sich mitten in der Stadt vor einer Bank in die Luft gesprengt, genau da, wo wir am Tag zuvor unser Auto abgestellt haben. Mehr als dreissig Soldaten und Regierungsangestellte, die ihren Lohn abheben wollten, sind jetzt tot, über hundert verletzt.

Angst hat sich in meinem Körper eingenistet. Wir hätten auch heute den Wagen hier abstellen können. Wir hätten tot sein können. Tagsüber ringe ich die Angst erfolgreich nieder, doch ich weiss bereits jetzt, dass sie sich nachts in meine Träume schleichen wird. Diese Träume sind rot, und es wird lange dauern, bis das Mitternachtsblau zurückkehren wird.

Wieder zuhause in Neu-Delhi, lese ich im Internet, was mir mein Bauchgefühl ein Jahr zuvor so unheilvoll angekündigt hat: ein Anschlag auf das Gästehaus Park Palace, in dem ich so oft in Kabul übernachtet habe. Taliban-Kämpfer stürmten das Hotel am frühen Morgen. Sie gingen von Raum zu Raum und erschossen Gäste. Vierzehn Personen kamen so ums Leben, viele waren angereist, um sich ein Konzert in Kabul anzuhören. Wie lebt man in einem Land, in dem man jeden Tag mit dem Tod rechnen muss, frage ich mich. Kann man sich an die Angst gewöhnen, oder ist sie wie ein Gift, das das Leben langsam zerfrisst?

## Mina: Sängerin, Moderatorin, Ehefrau

Es ist inzwischen Mittag geworden in Herat. Minas Mann Mustafa schlägt vor, etwas zu essen. Ich weiss inzwischen, was dies in Afghanistan, einem Land, in dem der Gast König ist, bedeutet: Es wird unmöglich sein, dass ich die Rechnung begleichen kann, und unser Tisch ist wahrscheinlich nicht gross genug für das viele Essen, das aufgetragen wird. Genauso ist es. Mustafa bestellt, und kurz darauf bringen junge Männer eine Platte nach der anderen mit Köstlichkeiten: Kebab auf langen Spiessen, knuspriges Nan, Kabuli Palau, ein dampfendes Reisgericht mit Rosinen, Karotten und Lammfleisch, gewürzt mit Kardamom, Garam Masala und gemahlenem Koriander und Teller mit Salaten und rohen Zwiebeln. Wir machen uns über das Festmahl her und essen schweigend. Beim Kaffee danach erzählt Mina weiter.

Alle, die in Afghanistan leben, leben mit der Angst. Wir sehen sie in den Augen der anderen, und wir spüren sie unter unserer Haut pochen. Lange bevor ich selbst zum Opfer wurde, kannte ich andere, die es bereits waren. Frauen, die sterben mussten, weil sie tanzten und sangen, träumten und lebten. Man hat ihnen den Erfolg und die Freude verübelt und dass sie taten, was sie wollten. Wenn alles in die Brüche geht, wenn du nichts mehr kontrollieren kannst, was ausserhalb deiner Hausmauern passiert, dann kontrollierst du umso genauer, was in deinem Innenhof passiert. Zumindest die Männer in meinem Land machen das so. Sie kontrollieren ihr Eigentum mit derselben Gewalt, wie der Krieg, der um sie tobt, sie beherrscht und uns alle zerstört. Ihr Eigentum sind wir, ihre Frauen und Kinder. Der Krieg zerstört vieles, auch die schönen Gefühle. Doch Gefühle verschwinden nicht einfach, sie verwandeln sich, sie werden zu kalter Angst und klebriger Frustration, die sich wie Fladenbrot an der Ofenwand an unsere Haut klebt und in uns eindringt. Und wer in seinem Leben nichts mehr hat, worauf er sich freuen kann, der missgönnt das Glück auch allen anderen. Mein Glück war die Bühne, und die es mir missgönnten, waren meine Verwandten. Sie keiften hinter meinem Rücken: «Hätte sie mal besser geheiratet, statt die Familienehre mit ihrer Schauspielerei zu beschmutzen.» Auf die Missgunst meiner Verwandten folgte die Wut der Fremden. Sie kam wie eine verspätete zweite Welle.

Alles begann mit einem Lied. Es heisst «Dokhtare Baba», die Tochter ihres Vaters. Ich sang es zusammen mit dem Sänger Nematullah Hosainzadeh. Es erzählt von einem Vater, der das Herz seiner Tochter erobern will, indem er ihr Schmuck kauft. Aber sie will keinen Schmuck, sondern einen bestimmten Mann. «Jemand hielt um meine Hand an, und ich mochte ihn, mein Vater aber akzeptierte ihn nicht», sang ich. Die junge Frau will also selbst wählen, wer ihr Ehemann werden soll, und das machte das Lied in einem Land, in dem immer alle anderen für die Frauen entscheiden, so interessant – und kontrovers.

Es wurde ein grosser Hit im Radio, erst nur in Herat, aber bald in ganz Afghanistan. Fünf Wochen lang führte es als Nummer eins die afghanische Hitparade an. Mit «Dokhtare Baba» wurde ich mit einem Schlag im ganzen Land berühmt. Damit nahmen auch die Einschüchterungen und Drohungen zu. Irgendwann machte das Gerücht die Runde, ich sei entführt, gefoltert und schliesslich getötet worden. Es war bloss ein Gerücht, aber alle waren in Panik, bis sie mich erreichen konnten. Wie tief die Angst doch sitzt. Jeder rechnet damit, dass eine Frau, die singt und öffentlich auftritt, nicht lange lebt. Jeder hat Angst, sie ist das uns alle verbindende Gefühl.

Mein Erfolg, das damit verbundene Glücksgefühl, war mein Mittel gegen die Angst. Nach «Dokhtare Baba» erhielt ich viele Angebote. Zuerst riefen Produzenten an, die mit mir Werbevideos drehen wollten, dann kam 2010 das Angebot von Tolo TV, einer populären afghanischen Fernsehstation, ein Musikvideo zu «Dokhtare Baba» in einem luxuriösen Haus zu drehen. Danach bot mir der Sender an, ihre Musikshow «Abar Star», Superstar, zu moderieren, ich sagte sofort zu. Zu dem Zeitpunkt war ich bereits mit Mustafa verheiratet.

Mustafa hat kurz nach dem Mittagessen das kleine Hotel in Herat verlassen. Er müsse noch eine Besorgung machen, komme aber in einer Stunde wieder. So erzählt Mina von ihrem Mann und ihrer Ehe ehrlicher, als sie es sonst vielleicht täte.

Mustafa ist nicht die grosse Liebe, von der immer alle sprechen und auf die immer alle zu warten scheinen. Für mich ist er wie mein Retter, der Mann, der meinem Erfolg nicht im Weg steht. Er hat sich in mich verliebt und war einer von vielen Anwärtern, die um mich buhlten. Er ist mein Cousin, der Sohn meiner Tante mütterlicherseits, ein sehr netter, ziemlich naiver Mann. Verliebt bin ich nicht, aber er versprach mir: «Wenn du mich heiratest, werde ich dich in allem unterstützen, auch in deiner Arbeit.» Deshalb und auch ein wenig, weil er mir leid tat, wie er um mich bettelte und warb, willigte ich in die Hochzeit ein. Ich wusste, dass keiner der anderen Anwärter mich weiter auftreten lassen würde, sobald sie mir den Ehering angesteckt hätten. Mustafa aber freute sich über meinen Erfolg, auch dass ich von nun an «Abar Star» moderieren würde. Drei Monate lang reiste ich einmal pro Woche von Herat nach Kabul, um die Show zu produzieren. In Kabul ist die Gesellschaft etwas offener als in Herat, aber die Sicherheitslage ist auch dort schlecht. Ich wurde immer von bewaffneten Sicherheitsleuten bewacht, und doch musste ich, sobald ich in ein Taxi stieg oder zu Fuss unterwegs war, befürchten, im nächsten Moment von einem Selbstmordattentäter in die Luft gesprengt zu werden. Das geht allen so, die in Kabul leben. Alle sind immer in äusserster Anspannung. Wenn du dort lebst, kennst du nichts anderes, aber gewöhnen, nein, gewöhnen tut man sich nie an den Tod, der sich wie der Kabuler Staub an unser Leben geklebt hat.

Natürlich trug ich in der Show ein Kopftuch. Anders ging das nicht. Nur Frauen, die auch eine amerikanische oder europäische Staatsbürgerschaft haben, können es sich erlauben, ihr Haar bei Fernsehauftritten zu zeigen. Wenn die Situation für sie zu gefährlich wird, reisen sie ab, in ihre zweite Heimat. Ich aber habe nur meinen afghanischen Pass. Mehr Heimat als Herat oder Kabul gibt es für mich nicht.

Als die Staffel von «Abar Star» zu Ende war, erhielt ich noch mehr Angebote für Kinofilme, Fernsehserien, und Tolo TV wollte mich fest anstellen. Mustafa arbeitete als Zimmermann in Herat, und so konnte und wollte ich nicht nach Kabul ziehen und lehnte die Festanstellung ab, schliesslich verdiente ich genug mit all den Aufträgen, die an mich herangetragen wurden. Nein, an Geld fehlt es uns nicht, dabei war es nie mein Ziel, reich zu werden. Dank meiner Arbeiten bin ich finanziell unabhängig, das ist mir wichtig. Mustafa und ich teilen uns die Ausgaben, aber wenn ich mir einen kleinen Luxus erlaube, ein schönes Kleid oder einen Goldschmuck, dann kaufe ich mir den selbst. Wir wohnen in einem eigenen Haus, obwohl seine Eltern wünschen, wir würden bei ihnen einziehen. Ich aber ich will frei bleiben.

Als ich Superstar moderierte und immer erfolgreicher wurde, glaubte ich, ich sei auf exakt der richtigen Bahn, denn Kunst und Musik sind die schönsten und wertvollsten Dinge in meinem Leben. Doch mit der Zahl meiner Fans wuchs auch die meiner Kritiker. Wenn ich in den Strassen Herats unterwegs war, starrten mich Leute an und äusserten fiese Kommentare. Wenn ich im Fernsehen auftrat, bei «Abar Star» oder in Fernsehspots, sprach ich mit einem Kabuler Akzent. Die Leute in Herat aber schnödeten: «Wieso spricht sie nicht mit unserem Akzent? Fühlt sie sich als etwas Besseres?» Manche riefen mich an und forderten mich auf, sofort mit den Fernsehauftritten aufzuhören, das gehöre sich in unserer Kultur nicht für ein Mädchen. Andere drohten: «Wenn du nicht aufhörst, wirst du schon zu spüren bekommen, was mit Mädchen wie dir passiert.» Fremde riefen auch meine Verwandten an und drohten: «Seht ihr, wie sich eure Nichte benimmt? Fürchtet euch vor dem Tag, da ihr dafür bestraft werdet und euch Schlechtes widerfährt!» Herat ist eine sehr konservative, geschlossene Gesellschaft. Daran haben auch die Amerikaner nichts geändert. Die haben längst vergessen, weshalb sie in unser Land gekommen sind. Wo ist die Demokratie, die sie uns versprochen haben? Wo die Freiheit, über die sie so gerne sprechen? Ja, es stimmt: Es gibt Frauen, die im Fernsehen als Moderatorinnen arbeiten. Auch können Mädchen wieder zur Schule gehen. Das wäre unter den Taliban undenkbar gewesen. Aber die Amerikaner merken nicht, dass sie von vielen nur geduldet werden. Sie sind mit Waffen und Koffern voller Geld in unser Land eingefallen. Und was ist verführerischer für Bewohner eines armen, kriegsgeplagten Landes als ein paar Gewehre und US-Dollars? Sie glauben, sie hätten sich mit ihrem Geld Freundschaften und Loyalität erkauft, aber eigentlich kauften sie nur kurzzeitige Duldung. Ist das Geld weg, ist die Freundschaft vorbei. Auch meine Schwester Shahla und ihr Mann arbeiteten als Übersetzer für die amerikanischen Soldaten. Unsere Bekannten warnten meinen Vater: «Sei nur vorsichtig, dass sie nicht zu den Ungläubigen wechseln.» Mit ihrer Vorsicht und Angst sollten sie Recht behalten, aber eine «Ungläubige» wurde meine Schwester nie.

Ab 2003 setzt der Sicherheitsrat der Vereinten Nationen eine Internationale Schutztruppe für Afghanistan, ISAF, ein, die unter der Führung der NATO steht. Die ISAF soll der Nation beim Wiederaufbau helfen, eine stabile Regierung ermöglichen und afghanische Sicherheitskräfte aufbauen. Weiterhin steht jedoch auch die Terrorbekämpfung im Fokus der Mission, und die internationalen Truppen werden immer mehr in Guerillakampfhandlungen mit den Taliban verwickelt. Interimspräsident Hamid Karzai wird im Juni 2002 von einer Grossen Ratsversammlung, einer Loja Dschirga, zum Präsidenten ernannt und bleibt bis 2014 im Amt. Der US-Kongress stimmt milliardenschweren Aufbau- und Hilfsprojekten in Afghanistan zu. Trotzdem gewinnen die Taliban ab 2005 wieder an Stärke, der Widerstand nimmt zu, denn die neue Regierung in Kabul wird von vielen Afghanen als korrupt und unfähig wahrgenommen. 2009 werden die internationalen Truppen deshalb aufgestockt, so dass zu Spitzenzeiten bis zu 130 000 ausländische Soldaten, vor allem US-Amerikaner, in Afghanistan stationiert sind. Im Mai 2012 einigen sich die NATO-Länder auf eine Exit-Strategie ihrer Truppen. 2014 kommt es nach vielkritisierten Wahlen und monatelangen politischen Kämpfen zu einem Regierungswechsel. Das Land wird nun von zwei Männern regiert: einem Präsidenten, Ashraf Ghani, und einem «chief executive» des Landes, Abdullah Abdullah. Sie sind sich spinnefeind. Bis Ende 2014 verlässt die Mehrheit der ausländischen Truppen das Land und übergibt das Kommando an die afghanischen Sicherheitskräfte. Die ISAF-Mission ist beendet. Mehrere tausend amerikanische Soldaten bleiben jedoch weiterhin im Land stationiert. Niemand ahnt, welch dramatisches Ende der internationale Einsatz Jahre später nehmen wird.

## Unterwegs mit den US-Truppen

«Embedding» oder kurz «Embed» wird es genannt, wenn man als Journalistin Soldaten begleitet. Eigentlich habe ich mir geschworen, nie so etwas zu machen. Vereinnahmt werden, bei jedem Schritt überwacht, nur eine Seite sehen – was hat das noch mit unabhängigem Journalismus zu tun? Warum sollte ich so etwas machen? Ich reise lieber eingehüllt in ein Kopftuch oder falls nötig in eine Burka in einem der alten, klapprigen Toyota Corolla durchs Land, begleitet von einem Übersetzer. Doch bald merke ich, dass man an viele Orte in Afghanistan nicht mehr reisen kann. Zu gross ist das Risiko, entführt zu werden. Begleitet von den Soldaten, komme ich an diese Orte. Als «Angehörige» der Armee wird man zwar direktes Anschlagsziel, aber zumindest ist die Gefahr einer Entführung gering. Zudem ist fast alles in Afghanistan – die Politik, die Wirtschaft, die Gesellschaft – von der NATO-Invasion und den Amerikanern tief geprägt und durchdrungen worden. Deshalb entschliesse ich mich dann doch, mein Kopftuch und meine Burka gegen eine kugelsichere Weste und einen Helm einzutauschen und die Soldaten tagelang auf Schritt und Tritt zu begleiten, um verstehen zu lernen, wie sie ticken und wohin dieser internationale Einsatz führen könnte, weshalb so vieles so schiefgeht. Im Mai 2011 beginne ich mein «Embed» mit den US-amerikanischen Truppen in Kandahar, im Süden von Afghanistan. Noch dienen fast 100 000 amerikanische Soldaten im Land.

Eine Armeemaschine bringt mich und eine Gruppe Soldaten am späten Abend des 8. Mai von Kabul nach Kandahar Air Field, KAF, zum Hauptstützpunkt im Süden des Landes, zu einer der grössten Militärbasen des Landes, x-fach durch Beton, Stahl und Stacheldraht vor Gefahren geschützt. Wir steigen durch die Ladeklappe aus der Transportmaschine auf die Landebahn. Die Busfahrt vom Flugzeug zu den Baracken dauert eine Stunde. Ich bin hundemüde. Nicht von irgendeiner Anstrengung, sondern vom Warten. Das beginnt, sobald man in die Armee eintritt. Wie anders ich mir das alles vorgestellt habe. Irgendwie aufregender und interessanter. Stattdessen sprechen mich Männer in Uniform mit Ma'm an und geben mir Coupons für das Steakhouse.

In den kommenden Tagen soll ich auf eine Basis in Kandahar Stadt gebracht werden. Kandahar, die Heimat von Taliban-Gründer Mullah Omar. Kandahar, die Stadt, aus der vor wenigen Wochen fast fünfhundert Gefangene durch einen Tunnel aus dem Gefängnis ins Freie gelangt sind. Viele von ihnen waren Taliban, welche die Amerikaner nach monatelanger Suche erwischt und eingekerkert hatten. Ihre Flucht war für die Amerikaner ein Schlag ins Gesicht, eine Blamage, oder wie ein Soldat später sagt: «Der Gefängniswärter hat denen doch die Tür aufgehalten. Die haben mit Bussen auf der anderen Tunnelseite gewartet. Vielleicht sogar mit Lunchpaketen. Und wir standen da wie Vollidioten. All die harte Arbeit, und dann zack, raus aus dem Tunnel. Einfach lächerlich.»

Der Ausbruch der Gefangenen vor meiner Ankunft in Kandahar ist erst der Anfang von dem, was man hier Frühjahrsoffensive nach der Winterpause nennt. Es gibt Kampfzyklen, denn in einem Land wie Afghanistan, wo die Winter lang und hart sind, muss man seine Kräfte einteilen. Am Tag zuvor haben die Taliban mehrere

Selbstmordattentäter nach Kandahar geschickt. Sie griffen Regierungsgebäude und afghanische Sicherheitskräfte an. Auch den Bürgermeister wollten sie töten. Sechs von ihnen sprengten sich in die Luft, dann drangen zwei Taliban-Kämpfer am Mittag in die Sahib Boy School ein und beschossen von dort die Polizeistation. Elf Stunden lang.

So hat mein «Embedding» begonnen: mit einem blutigen Gemetzel.

## Amerika in Afghanistan

9. Mai 2011, sechs Uhr früh. Ich fühle mich deplatziert. Zwei Wochen lang habe ich mich frei in Kabul bewegt, war im Panjshir-Tal und in Herat, war in Afghanistan. Doch das hier ist nicht Afghanistan. Das ist Amerika, mitten in einer der am härtesten umkämpften Gegenden des Landes. Hier landen Tausende von NATO-Soldaten. Sie tun so, als sei das ihre Heimat. Jetzt in der Früh joggen Soldaten auf der Laufstrecke, die sich um den Volleyballplatz zieht. Einige schlendern mit umgehängtem Gewehr zur Kantine. Wenige Stunden später öffnet das Kentucky Fried Chicken. Burger mit oder ohne Käse, mit oder ohne Pommes, dazu eine Cola. Die Kantine, eine eisgekühlte Halle, ist immer offen. Wenn man eintritt und die Tür zu schliessen vergisst, wird man freundlich daran erinnert: «Ma'm, did you see, the door is still open?» Kein Befehl, eine höfliche Aufforderung, aber unmissverständlich. Man kann auch shoppen. Die Shopping-Mile zieht sich auf einem Holzsteg um die Joggingloipe. Es gibt einen iPod-Shop, einen Teppichhändler, die French Bakery mit hervorragenden Lachs-Baguettes, einen Buchladen. Einmal pro Woche organi-

sieren Soldaten einen Salsa-Abend, einmal Karaoke. Die Soldaten, die nicht hier leben, sondern auf einem Aussenposten, sprechen mit Verachtung von diesen Abenden. Respektlos sei das, als ob man nicht im Krieg wäre, als ob nicht Soldaten sterben würden, eigene Männer und Frauen. Apropos Frauen: Auch sie schlendern auf der Shopping-Mile auf und ab. Die Asiatinnen arbeiten in den Restaurants, die Amerikanerinnen für die verschiedenen Dienste, Geheimdienste, Aussendienste, oder sie sind Soldatinnen. Sie sagen: «Die Männer respektieren uns hier.» Und die Männer sagen: «Nirgendwo anders ist es so einfach für eine Frau, Sex zu haben. Jeder will. Wer nicht kann, hat eine Harddrive voller Pornos.» In den Toiletten hängen Plakate mit Notrufnummern, die man wählen kann, wenn man sexuell belästig wird. Afghanen sieht man keine. Obwohl – der Typ im Teppichladen, der ist wohl Afghane. Ein Handverlesener. Vom Hauptstützpunkt fliegen die Soldaten auf ihre Aussenposten und Basen, die Namen tragen wie Nathan Smith – Namen von Soldaten, die heute nicht mehr leben, aber die einst in kugelsicheren Fahrzeugen oder zu Fuss patrouillierten, um zu zeigen, dass man da ist, dass man alles im Griff hat, dass man Afghanistan endlich Demokratie bringt. Dahin, nach Camp Nathan Smith, soll ich morgen gebracht werden.

«Jeder zahlt einen Preis», sagt Leon. Der Afroamerikaner, der mich um einen guten Kopf überragt, sitzt neben mir im Helikopter, als wir vom Hauptstützpunkt nach Camp Nathan Smith fliegen. Während des Fluges holt er sein iPhone aus der Tasche und macht Selfies. Dann fragt er: «What's up? New in the country?» Wir sind beide neu hier, beide unsicher. Ich voller Vorurteile, er voller Zuversicht. Wir schauen uns in meiner Kamera die Fotos von meinen ersten beiden Wochen in Afghanistan an. Eine soldatenfreie Welt. Picknick im Panjshir-Tal. Reiten auf grünen Wiesen. Ein Konzert in Kabul. Leon schüttelt den Kopf und sagt: «This is so cool, send me the pictures!» Dass es so was gebe, hier in Afghanistan, solche Schönheit. Das habe er nicht gewusst, das müsse er seinen Kollegen erzählen, seinen Freunden. Dabei gehört Leon ganz sicher nicht in die Kategorie «dumb and blind». Leon ist weltgewandt, hat Politologie studiert, ist gereist, vielseitig interessiert, hat es bis zum Offizier gebracht. Doch was soll's. Das Soldaten-Afghanistan ist nie zivilisiert, weil ein Soldat nie zivil ist. Das ist kein Stereotyp. Keiner hat je bei einer afghanischen Familie zu Abend gegessen, und wenn, dann bestimmt nicht ohne Waffe. Viele haben ihren Stützpunkt kein einziges Mal verlassen, und dann gehen sie nach Hause und sagen, sie seien in Afghanistan gewesen, dabei waren sie in Amerika, nur ausgelagert und ummauert. Wie in einem amerikanischen Gefängnis, nur sagen sie: «Welcome to the base. Here you're safe.»

## Im Feriencamp

Man tut alles, um es ihnen angenehm zu machen. Die Soldaten sollen sich zuhause fühlen in ihren selbstgebauten Gefängnissen. Auch auf Camp Nathan Smith, dem Stützpunkt mitten in der Stadt, zu dem sie mich im Helikopter hergeflogen haben. In einem unterkühlten Container weisen sie mir die obere Liege eines Etagenbetts zu. Meine kleine Rückzugsecke für die nächsten Tage.

Jeden Freitag gibt es Hummer, eingeflogen aus Dubai. Aber nicht deshalb trägt Camp Nathan Smith den Spitznamen Feriencamp. «Hummer gab es schon auf den Stützpunkten im Irak», erzählen die Soldaten. Ebenfalls jeden Freitag. Hier aber liegen Soldaten in Badehosen auf Liegestühlen um den runden Pool, mit vor Sonnenöl glänzender Haut. Der Pool ist versteckt hinter Betonelementen, die mit biblischen Szenen bemalt sind. Man hört die Generatoren nicht, nur manchmal die Rotoren, wenn wieder ein Helikopter landet. Auf einem kleinen Platz im Zentrum sprudelt ein Springbrunnen. Drumherum stehen Holzstühle an massiven Tischen. Meist ist es zu heiss, um draussen zu essen, nur nachts stehen die Soldaten hier, rauchen und fluchen und erzählen Heldengeschichten. Die Kanadier, die das Camp aufbauten, liessen ihr Hockeyfeld und ihre Ausrüstungen da. Sie wollten Geld von den Amis dafür, aber diese sagten: «We don't pay fort that old shit.» Die Amis spielen kein Hockey, aber das Gym ist voller Geräte und schwitzender Körper. Alles hier fühlt sich wie Luxus an. Saubere Duschen. Drei Mahlzeiten am Tag, Müesli und Früchte, Hamburger und Steaks und dazu amerikanische Soap-Operas aus dem Fernseher in der Ecke. Wie daheim – würde nicht alles so steril riechen, wären da nicht die hohen Mauern mit dem Stacheldraht, das Ballonauge über der Basis, das Betongebäude mit den Kritzeleien an den Wänden, das früher ein Gefängnis war und in dem heute die gekühlten Container der Kommandozentrale stehen, der zweifach gesicherte Ausgang, den niemand zu Fuss benutzt. Luxusgefängnis.

Die Arbeit auf Camp Nathan Smith machen Zivilisten, aber keine einheimischen. In den Camps wird alles ausgelagert. Beispielsweise an die amerikanische Firma DynCorps – «we serve today for a better tomorrow» –, und die lagert ihrerseits Teilbereiche wie die Gastronomie an den Untervertragsnehmer Supreme Foodservice AG mit Sitz in Dubai, Amsterdam und Ziegelbrücke aus. In der Küche stehen Nepalesen. Sie haben einem Agenten in Katmandu 5000 Dollar bezahlt, um den Job bei Supreme Foodservice AG auf Camp Nathan Smith zu bekommen. Jetzt verdienen sie 550 Dollar im Monat. Sie sagen, das sei besser als in Nepal. Dort gebe es gar keine Arbeit. Ich sehe diesen Krieg immer mehr als Geschäftsmodell. Alle wollen am Kuchen mitverdienen, nur die Verteilung ist ungerecht.

Milliardengeschäfte im rechtsfreien, unübersichtlichen Raum. Die Unternehmen halten Wagenparks instand, lassen Klos putzen, schaffen Matratzen und Nahrung herbei, bauen Fitnesscenter auf. An den Schreibtischen sitzen ehemalige Soldaten, die sich nicht mehr zurechtgefunden haben in der wirklichen Heimat. «Contractors», Auftragnehmer, heissen sie. Einen von ihnen habe ich einmal in Kabul kennengelernt. Er war sehr religiös, doch das schien ihn nicht daran zu hindern, möglichst viel Geld auf sein eigenes Konto zu schieben, statt es in die Schule, die er bauen sollte, zu investieren. Für viele von ihnen ist Familie gleichbedeutend mit Armee, dort hat man Freunde und wird verstanden. Es gibt Vertragsfirmen, die schon im Irak tätig waren und dann irgendwann den Namen geändert haben. Zum Beispiel Blackwater, die amerikanische Sicherheitsfirma, die berühmt wurde, nachdem ihre Mitarbeiter mehrfach Zivilisten im Irak erschossen hatten. Die Firma heisst heute XeServices und hat laut

«Washington Post» wieder einen 100-Millionen-Dollar-Vertrag von der CIA in Afghanistan an Land gezogen. «Training today to meet the challenges of tomorrow.» Sogar die Werbesprüche ähneln sich.

In der Wäscherei arbeitet eine 30-jährige Kenianerin, die manchmal mit ihrer Tochter über Skype plaudert. Sie hat sie seit einem Jahr nicht mehr gesehen. «Aber was will man», sagt sie, «das hier ist gute Währung, US-Dollars.» Dann wendet sie sich ab, faltet eine grüne Militärhose und legt sie zu anderen Kleidern in einen Wäschesack. «Man hat keine Wahl, schon gar nicht, wenn der Alte zu wenig verdient und niemand in Texas Arbeit für eine Filipina hat», wirft Luce, die Leiterin des Waschsalons, über den Tisch gebeugt ein. «Hier aber ist eine wie ich, trainiert und erfahren, gefragt.» Ob sie Kinder habe? «Ja, ich habe einen 13-jährigen Sohn in Texas, der hat sich daran gewöhnt, dass ich kaum zuhause bin.» Luce hat bereits drei Jahre für die texanische Firma KBR im Irak gearbeitet. Die Firma wurde bekannt, nachdem einer ihrer Untervertragsnehmer tausend asiatische Angestellte drei Monate lang in einem fensterlosen Lager ausserhalb von Bagdad eingeschlossen hatte, weil es für die Männer dann doch keine Jobs gegeben hatte. Luce sagt über ihre Zeit im Irak: «It was okay. I needed the money.» Und hier in Afghanistan ist alles hochprofessionell. 12-Stunden-Schichten. 300 bis 340 Säcke Kleider pro Tag werden abgegeben, und in 24 Stunden ist alles gereinigt und gebügelt. Eine angenehme Gratisdienstleistung für die Soldaten. Ich nehme sie auch in Anspruch, und am Schluss nehme ich den Wäschesack mit. Eine kleine Erinnerung an Luce.

Jeder zahlt einen Preis. Auch Leon: «Als ich aus dem Irak zurückkam, hatte meine Freundin einen anderen. Sie wollte keinen Helden, sie wollte einen, der mit ihr am Wochenende ins Kino geht.» Dabei hat er gedacht, Frauen würden das mögen: Helden wie ihn, den starken, grossen Leon, der sein Land verteidigt, an einem Ort, von dem er nur gewusst hat, dass es dort heiss ist und dass man den Frauen nicht die Hand geben darf. Er dachte, Krieg sei wie im Film. Filme kann man zurückspulen, neu aufnehmen, schneiden. Tote wischen sich nach der Aufnahme das Kunstblut vom Hemd. «Die Männer, die ich getötet hatte, standen nicht mehr auf. Dabei war Töten doch einfach ein Reflex. Man schiesst, bis dort drüben nichts mehr zuckt. Man fühlt sich wie ein Roboter, Waffe hochheben, zielen, schiessen oder einfach feuern. Und gegenüber der Andere, dazwischen der Tod. Wir haben nie ernsthaft über das Töten und die Toten gesprochen. Ja, logisch, irgendwie musste es raus aus dem System, so haben wir später über den lächerlichen Ausdruck, den der Kumpel im Gesicht hatte, als er abdrückte, Witze gerissen, aber die Toten? Nein, kein Thema. Wir hatten überlebt, wir hatten Glück, that's it. Aber stumpf werden alle.»

Nach wenigen Tagen weiss ich, was er meint. Dabei töte ich nicht einmal. Ich sehe nur die Blutspuren in der Sahib Boy School und Buchstaben in weisser Kreide an der Wandtafel, die von Einschusslöchern übersät ist. Sehe den kleinen, braunen Hund, der neben dem Checkpoint angebunden ist und der mir die Finger geleckt hat. Frage mich, ob er noch lebt, als sich wenige Tage später ein Selbstmordattentäter genau dort in die Luft sprengt. Du musst nicht töten, um zu spüren, wie sich der Tod

anfühlt. Die Müdigkeit in den Gliedern. Wie Sand-
papier die Gedanken. Als ob sich das Herz verhärtet.
Zeit, die langsam schleift, Gedanken abschleift, bis sie
als Staub vor dir liegen und du nur noch benommen bist
vom Warten, von der Hitze, der Langeweile und auch
von der Angst. Doch die verdrängst du. Wie ein Tier
kommst du dir vor, schon nach wenigen Tagen. Denkst
ans Fressen, ans Schlafen, ans Ficken. Zumindest ich tue
das. Und dabei wird alles einerlei. Das Brummen der
Generatoren hinter den Betonelementen. Salsa im Kopf.
Suck it up.

Tag fünf. Alles einerlei. Hummer schmeckt wie
Brot. Das Blut auf der Treppe in der Sahib Boy School,
das mir die Soldaten gezeigt haben, erinnert an Geschichten, die ich nicht mehr hören will. Meine Aufpasser haben mir einen Plan gemacht, sagen mir, wann ich
mit welcher Einheit ausrücken kann. Aber dann ist immer alles anders. Die Einheit rückt nicht aus. Die Einheit muss eine Mine entschärfen und ist verspätet. Der
Plan wurde geändert, und niemand hat es mir gesagt.
Und dann hocken wir wieder im Staub am Boden und
warten, planlos. Das ist das Schlimmste. Ich raste zweimal gegenüber meinem Aufpasser aus. So wollt ihr einen
Krieg gewinnen? Aber der lächelt nur. «Sorry, M'am.»
Fuck you, Sir. Abends verkrieche ich mich in meinen
Schlafsack, ziehe die Kapuze über den Kopf, höre Rach-
maninoffs Klavierkonzert Nummer 2. Es ist möglich,
mich still und leise aus dem Krieg zu schleichen und in
einem Crescendo zu verschwinden. Es ist möglich, wenn
ich die Welt um mich aussperre und mir eine neue er-
schaffe. Es ist möglich, aber immer nur auf Zeit. Um
sechs Uhr früh reisst mich eine schrille Sirene in meinem

Container aus dem Schlaf. Raus aus dem Schlafsack, raus aus dem Container, dort steht ein Soldat, unbeeindruckt vom Lärm, und sagt: «Der Diesel in den Generatoren ist alle, es braucht eine Füllung, dann hört der Lärm auf, und der Strom ist wieder da.» Ich kehre zurück, ziehe den Schlafsack über den Kopf und halte mir die Ohren zu. Dann stehe ich auf und lege mich an den Pool. Scheissarmee.

Später frage ich meinen Aufpasser: «Kann ich vielleicht einmal einen Tag aus der Basis verschwinden? Ich ziehe mir eine Burka über, und übrigens kenne ich ein paar Leute in der Stadt.» Da lacht er und spottet: «Ma'm, you are out of your mind. But your choice, if you want to get kidnapped and killed.» Dann eben nicht.

## Auf Patrouille

Rast in einem Mandelhain bei afghanischen Bauern. Sie hocken am Boden, die Köpfe gereckt, in der einen Hand eine Zwiebel, in der anderen ein Stück Fladenbrot. Dann setzt sich auch der amerikanische Militärpolizist. Er hat den Helm abgelegt. Hat einen Schluck Wasser aus der Flasche getrunken und sie den Bauern weiterreichen wollen. Sie haben abgelehnt. Es weht eine Brise durch den Mandelhain. Auch die anderen Soldaten haben sich hingesetzt, die Beine gestreckt, das Gewehr neben sich gelegt. Wir sind drei Stunden durch die Stadt patrouilliert, vorbei an Lehmhütten, Abwasserrinnen, an Bauarbeitern, Männern, die leere Eimer mit Wasser füllten und diese dann auf ihre Esel banden, Frauen in Burkas, die sich abwandten, obwohl doch niemand sie sehen konnte durch den blickdichten, blauen Stoff, die vergitterten Augenfenster. Vor einer Bäckerei sind wir stehen geblieben, und der Übersetzer hat sich zwischen den Soldaten und den Bäcker gestellt. «Hast du gehört, dass die Taliban die Sahib-Schule besetzt haben? Sie beschossen stundenlang die Polizeistation, und die Schule zerstörten sie auch.» – «Hmm.» – «Schickst du deine Kinder dorthin?» – «Ja.» – «Mal schauen, wann die wieder öffnen kann. Und sonst? Wie ist die Sicherheit hier?» – «Gut.» – «Und böse Jungs? Keine hier?» – «Nein. Keine.»

Mit ihren Antennen auf den Helmen, ihren Tarnanzügen, den schwarzen Sonnenbrillen, ihren Handschuhen und natürlich ihren Waffen wirken die Soldaten wie Ausserirdische, Aliens. Was würden wir einem Ausserirdischen anvertrauen? Vielleicht würden wir den verhassten Nachbarn verraten, ihn als Taliban brandmarken, auch wenn er keiner wäre. Manche Landbewohner so weitab von allen Infozentralen halten vielleicht sogar die Amerikaner für Russen. Doch die Russen sind längst abgezogen, 1989, nach zehn Jahren Besatzung. Die Amerikaner und auch die anderen NATO-Truppen sagen, sie seien keine Besatzer, sondern Helfer, sie brächten Demokratie und Stabilität. Ihre Bezeichnung ist Programm: ISAF-Truppen, Internationale Schutztruppe für Afghanistan. Nur sehen das viele Afghanen inzwischen anders. Zumindest die, welche von den Milliarden, die ins Land gepumpt worden sind, nichts gespürt oder gesehen haben. Und auch all jene, die vor den NATO-Bomben fliehen mussten und jetzt in Verschlägen ausserhalb von Kabul hausen. Nur eines wissen alle: Die Ausserirdischen ziehen wieder ab. Die Taliban aber bleiben.

Die Brise zwischen den Mandelbäumen ist nicht kühl, aber sie trocknet den Schweiss auf der Stirn. Die

Bauern haben fertig gegessen. Die Ameisen machen sich über die Brotkrumen her. Die Bauern sagen: «In den zehn Jahren hat sich für uns gar nichts geändert. Noch immer keine Jobs, noch immer kein Geld. Aber nein, die Amerikaner sind nicht die Russen. Zumindest nicht so brutal.»

So reden die Bauern, aber was will einer schon sagen, wenn er vor einem Amerikaner sitzt? Der hat vielleicht den Helm abgelegt, aber das Gewehr hält er in der Hand. Und er sagt: «Wir haben euch Strassen gebaut und Schulen.» Da winkt der Bauer ab. Sagt mutig: «Für wie viele von uns habt ihr Schulen gebaut? Euer Geld fliesst in die Taschen der Regierung, des Bürgermeisters und der Beamten. Für uns bleibt nichts. Wir sind arme Leute und können die Taliban nicht bekämpfen. Die kommen hierher und verstecken ihre Waffen in unserem Hain. Dann kommt ihr und sagt, wir machten gemeinsame Sache mit den Taliban, und dann kommen die Taliban und schimpfen uns Verräter, weil wir mit euch gesprochen haben. So sind wir gefangen zwischen euch und denen.» – «Aber wir schiessen doch nicht auf euch!» – Da lacht der Bauer, fast höhnisch: «Das sagt ihr, und dann tut ihr es doch, weil ihr nicht unterscheiden könnt zwischen den Taliban und uns. Für euch sehen wir alle gleich aus.»

Zurück im Camp. «Das stimmt, die sehen alle gleich aus, kannst die Guten nicht von den Schlechten unterscheiden», sagt Unteroffizier Orlando, und dann zeigt er auf einen Mann, der auf dem Grossbildschirm vor ihm zu sehen ist. «He fucked a donkey. Hat wohl geglaubt, er sei sicher vor den Augen der Nachbarn in seinem Innenhof mit den Lehmmauern; die schützen vor neugierigen

Blicken, aber nicht vor unserer Kamera», sagt Orlando. Er lacht, etwas verlegen, weil man das vielleicht doch nicht hätte erzählen sollen, nicht mir, einer Journalistin. Unteroffizier Orlando, gebürtiger Puerto-Ricaner, hat hier das Kommando und behält den Grossbildschirm im Auge, über den in kurzen Abständen die neuen Bilder der Überwachungskamera flimmern. Die Kamera hängt hoch über Kandahar in einem weissen Ballon, der aussieht wie ein Zeppelin. Ein Zeppelin, der ein Haar auf einem Kopf sehen könnte – oder eben wie vor ein paar Tagen diesen Kandahari mit seinem Esel in einem Innenhof. In der Nacht huschen nur undeutliche grüne Schatten über den Bildschirm: Soldaten auf Taliban-Jagd. Nur Taliban sind nirgends zu sehen. Sind schwer zu unterscheiden von den anderen, den Guten, sagt Orlando nochmals und zeigt auf die Fotos der Gesuchten, die neben dem Bildschirm hängen. «Wanted» steht unter bärtigen Gesellen mit Turbanen. Die gleichen sich alle. Da nützt die beste Kamera nichts. «Eselficker sieht man ja nicht nur mit der Kamera», fügt Orlando nun noch fast entschuldigend hinzu, «manchmal stehen die auch am Strassenrand, schamlos.»

### Aussenposten

Was ist wohl schamloser: in einem Fahrzeug, das so viel kostet wie ein ganzes Quartier, hier «Präsenz zu markieren», wie das die Soldaten nennen, oder einen Esel zu ficken? Das frage ich mich, als ich in einem dieser supergepanzerten Wagen nach dem Treffen mit Orlando zu einem Aussenposten von Camp Nathan Smith fahre. Er liegt wenig ausserhalb von Kandahar, und ich will nur eine Nacht bleiben. Braun und ockerfarben umgibt die

Wüste die Festungsmauern. Vom Wachturm aus sieht man die ersten Lehmhütten von Kandahar, dunkle Rechtecke, grosszügig ummauert, und den niedrigen Pass, der ins Argendabh-Tal führt. Das Tal ist berüchtigt für seine Taliban-Kämpfer und bekannt für seine Opiumfelder. Jetzt, im Mai, ist Erntezeit. Die Bauern haben alle Hände voll zu tun und wenig Zeit für «Teilzeit-Taliban-Aktivitäten». So nennen es die amerikanischen Soldaten, wenn Einheimische im Dienste der Taliban für 10 oder 12 Dollar Sprengfallen legen. Vielleicht weil sie Geld brauchen, vielleicht aber auch, weil sie den Taliban immer noch mehr trauen als den Amerikanern – obwohl Erstere für die meisten zivilen Opfer verantwortlich sind, nicht die NATO-Truppen. Aber die Taliban sagen: «Wir kämpfen gegen die Besatzer», und diese Sprache versteht jeder. Und die Amerikaner sagen: «Es ist alles besser geworden, die Sicherheit ist gut, wir haben Hunderte von Terroristen verhaftet, seit wir im vergangenen Jahr 30 000 Soldaten mehr bekommen haben.» Ob sie jene Taliban mitzählen, die unlängst aus dem Gefängnis von Kandahar ausgebrochen sind, frage ich mich.

Ungefähr hundert Soldaten leben auf dem Aussenposten, jeweils ein Jahr lang, mit zwei Wochen Heimaturlaub. Es sind alles Männer, bis auf zwei Köchinnen, die nur morgens und abends kochen. Die restliche Zeit sitzen die beiden Frauen mit dem schweren Südstaatenakzent auf ihren Betten in einer separaten Ecke des Versorgungszeltes und schauen sich Filme an. Auf der einzigen Kommode in ihrem abgetrennten Abteil liegt eine Bibel, auf ihr steht eine Maria aus Plastik. Wenn Mr. Konugres, der Militärgeistliche, den Aussenposten besucht, gehören sie zu den wenigen, die mit ihm Lieder singen. Nur der einstündige Vortrag des Seelsorgers mit Tipps für die Wiedereingliederung zuhause ist Pflicht für jene Soldaten, deren Heimreise kurz bevorsteht. Konugres ermahnt sie: «Ihr müsst eurer Frau sagen, dass sie hübsch ist, sagt es immer wieder, selbst wenn ihr am Anfang wie Fremde seid.» Die Soldaten schweigen. Die meisten hier sind verheiratet, auch die blutjungen.

Mittags angelt man sich einen Beutel Fertiggericht aus einer Pappschachtel im Versorgungszelt. Man muss ihn nur schütteln, dann beginnt die Mahlzeit zu kochen. Ich sage, man solle meinen Beutel nicht schütteln, denn ich mag nichts essen. Aber Konugres meint: «Das musst du dir ansehen. Kocht sich wie von Zauberhand. Wir können's ja danach wegwerfen.» Die Köchinnen scheint das nicht zu stören. Aber sicher bin ich nicht, schliesslich habe ich sie nicht gefragt. Ohnehin sprechen wir wenig miteinander, obwohl ich eine Nacht lang mit ihnen die Zeltecke teile. In ihren Gesprächen gibt es keinen Satz, der nicht ein «Fuck» enthält oder eine Beleidigung. Wir finden keine gemeinsame Sprache, aber ihre Gespräche enden immer gleich: «Bitch, move your fat ass over here.» Und dann liegen sie eng umschlungen auf der Matratze und schauen sich einen Film an, und was sie ausstrahlen, ist eine Intimität, die ehrlicher ist als jedes Kosewort und die Sehnsucht in mir weckt.

### Weitermachen

Zurück in Camp Nathan Smith. Ich frage Orlando, warum er Soldat geworden sei. «Um mich zu rächen», antwortet er. Als Manager von Citibank hat er 34 Mitarbeiter verloren, als die Flugzeuge am 11. September 2001 in die Zwillingstürme flogen. Auch seine beiden Assistentinnen kamen dabei ums Leben. Er selbst blieb verschont. Zum Zeitpunkt des Anschlags wartete er auf dem New Yorker Flughafen auf den Abflug nach Buenos Aires. Eine Geschäftsreise, die nicht mehr stattfand. Stattdessen flog er nach Puerto Rico, nach Hause zu seiner Familie, und verkündete, dass er zur Armee gehen werde. Er sprach von Vaterland, von Pflicht und von Rache. Dabei war er gar kein Amerikaner, zumindest kein richtiger. Und dann wurde er nach Kolumbien geschickt statt nach Afghanistan. Nach dem Einsatz in Kolumbien musste er in den Irak. Dann hatte er genug. Seine Frau sagte: «Such dir einen Job.» Sie und die Kinder hatten monatelang ohne Mann und Vater leben müssen. Doch da hatte bereits die Wirtschaftskrise begonnen, Jobs waren rar, vor allem für einen wie ihn, der so lange in der Armee gewesen war. Nicht mehr erwünscht auf dem freien Markt. Was blieb ihm da anderes übrig, als wieder zur Armee zu gehen, die ihn nach Afghanistan schickte, jetzt, da seine Rachsucht längst erloschen war. «Suck it up and move on», ein Kerl sein, weitermachen, das gelte auch für ihn, nicht nur für seine kriegsmüden Soldaten, die er, der Kleinste und Lauteste von allen, mit scharfen Befehlen über die Staubpiste jagt. Deshalb sei er noch immer hier, weil er weitermachen müsse.

«Suck it up and move on.» Ich frage mich, was da gespielt wird. Wie die Soldaten einfach weitermachen, geblendet von der Sonne, die auf unsere Helme knallt und auf die Schutzwesten, wenn wir wieder patrouillieren gehen. Wir in unserer kugelsicheren Welt, und um uns die Menschen mit ihren Badelatschen und Eseln und Burkas. Und das Wir, dieses einlullende Kollektiv, das uns umschlungen hält und mir anklebt wie eine falsche Haut – unmöglich, sie hier abzustreifen, mittendrin zwischen den Soldaten und in Anbetracht einer Welt, die hinter der Panzerglasscheibe lauert und so gefährlich wirkt. Dann steigen wir aus, und die Soldaten fragen: «Wie ist die Sicherheit?» Und die Afghanen antworten: «Gut.» Und nachdem wir einen ganzen Bezirk nach Terroristen oder Taliban oder allem, was verdächtig sein könnte, abgesucht und nichts gefunden haben, steigen wir wieder in unser kugelsicheres Fahrzeug und fahren zurück hinter den Stacheldraht zu den Hummern. Zurück in eine Welt, in der Aufklärungsfahrzeuge im ersten Festungsring käfergleich in der Hitze liegen, wo junge Männer im Internet nach billigen Häusern in Iowa oder Ohio suchen, wo die Nacht schön sein könnte, wenn da nicht das ewige Geratter der Generatoren wäre. Und in den Zelten spielen Soldaten Kriegsspiele auf ihren Computern, und in einer Ecke stemmen sie Gewichte, um die Zeit totzuschlagen, wenn es nichts anderes zum Totschlagen gibt.

Es fallen keine Schüsse. Es explodiert nichts. Nur in der Erinnerung hallen die Detonationen nach. Meist bis tief in die Nacht, die sternklar ist und scheinbar ruhig.

Dann fliege ich aus. Das Licht im Bauch der Militärmaschine ist grün, und grün sind die Gesichter der Soldaten. Aliens. Ich denke an den weissen Ballon über dem nächtlichen Kandahar. Ich sehe ihn nicht, weil die Fenster zu hoch liegen. Wahrscheinlich schickt der Ballon Bilder an Camp Nathan Smith und seinen Aussenposten am Rande der Stadt. Vielleicht betrachtet Orlando die Schatten auf seinem Bildschirm. Vielleicht sieht er einen Eselficker. Mir egal.

## Erinnerungen

Nachdem ich Afghanistan verlassen habe, lege ich die Bilder der Einschusslöcher auf der Wandtafel und den Stühlen der Sahib Boy School in einem Ordner ab. Einem Ordner in meinem Gedächtnis, abgeschlossen und weggesperrt. Darin befinden sich auch die Bilder der Blutspuren von Taliban-Kämpfern, die in der Schule erschossen wurden. Doch Erinnerungen lassen sich nicht wie Bilder einordnen, ablegen, löschen. Sie ziehen sich vielmehr in eine dunkle Ecke des Gedächtnisses zurück, um einen irgendwann aus dem Hinterhalt wieder anzuspringen. Zum Beispiel heute, am 27. Juli 2011. Denn heute ist der Bürgermeister von Kandahar doch noch umgekommen. Er wurde ermordet von einem Selbstmordattentäter, der seinen Sprengsatz im Turban versteckt hatte. Ich lese darüber im Internet, und alle Bilder, alle Gefühle, diese tiefe Beklemmung, die das Atmen so schwierig macht, alles ist wieder da.

# Aus dem Familienalbum

Seit Jahren kann Mina ihre Geschwister nur noch über Video-Chat sehen. Die Geschwister telefonieren täglich. Links oben: Mina in der Türkei. Rechts im Bild: Schwester Shahla in Deutschland. Unten: Bruder Djamal in der Schweiz. Istanbul 2019.

Minas Mutter Rahima gebar mit 22 Jahren ihr sechstes Kind, dann sterilisierte sie der Arzt ohne ihr Einverständnis. Im Bild: Mutter Rahima, Vater Ghollam Sarwar und Minas drei ältere Geschwister (Baby Shahla, Schwester Zahra und Bruder Javad). Mashhad 1984.

Seit Jahrzehnten bestimmt der Krieg das Schicksal von Minas Familie. Minas Vater (Zweiter von links) mit anderen Mudschaheddin im Kampf gegen die Sowjets. Afghanistan in den 1980er Jahren.

Familie im Fotostudio: Minas Vater kurz nach der Scheidung mit seiner neuen Frau Fateme und allen Kindern seiner ersten Frau. Fateme trägt Baby Mina auf dem Arm. Iran ungefähr 1991.

Nur dank ihrer Familie und deren Unterstützung schöpft Mina immer wieder Hoffnung. Hier beim Familienessen. Von rechts nach links: Mina, Stiefmutter Fateme, Vater Ghollam Sarwar, Minas Neffe Sohail, Freund des Vaters, Shahla. Herat 2007.

Mina vor der Blauen Moschee in Mazar-e Sharif 2009. Die Moschee wurde im 15. Jahrhundert über der Begräbnisstätte von Kalif Ali, dem Schwiegersohn von Prophet Mohammed, erbaut. Die Moschee ist eine der schönsten der Welt und eine bedeutende Wallfahrtsstätte für Muslime, insbesondere Schiiten.

Nach ihrem Erfolg mit dem Lied «Dokhtare Baba» moderierte Mina die Musikshow «Abar Star», Superstar, im populären afghanischen Fernsehsender Tolo TV. Für ihre Berühmtheit zahlte Mina einen hohen Preis. Kabul 2010. Internetscreenshot.

Mina mit ihrem ersten Mann Mustafa bei unserem Treffen in Herat 2011 kurz vor ihrem ersten Fluchtversuch.

# Auf der Flucht

Der Versuch eines normalen Lebens: Mina in Istanbul mit ihrem Mann Reza und ihrer Tochter Raha. Seit der Flucht aus Afghanistan leben Mina und ihre Familie illegal in der Türkei. Mina befürchtet, nach Afghanistan abgeschoben zu werden, deshalb verlässt sie selten das Haus. Istanbul 2021.

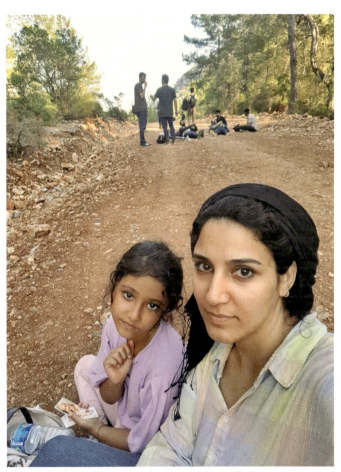

Mina und ihre Tochter Raha bei ihrem letzten gescheiterten Fluchtversuch.
Türkei Juli 2021.

Zu Besuch bei Minas Bruder Djamal und dessen Frau Azieh in der Schweiz. Gemeinsam versuchen wir anhand von Fotos und Gesprächen Minas Geschichte zu rekonstruieren. Olten 2020. © Alexander Kiermayer.

# Auf Recherchereise in Afghanistan

Bis zur Machtübernahme der Taliban im August 2021 sind Reisen durch Afghanistan extrem gefährlich, und das Risiko, entführt zu werden, ist gross. Als Ausländer sind wir eine Art wandelnde Bankomaten. Deshalb versuche ich, möglichst nicht aufzufallen, und reise wenn nötig auch versteckt unter einer Burka. Kandahar 2014.

Die Moschee von Herat ist eine der bekanntesten des Landes. Herat galt lange Zeit als das kulturelle Zentrum des Landes. Herat 2011.

Kaum bewegt man sich ausserhalb der Städte, wird die Landschaft karg und wild, und das einzige Fortbewegungsmittel für viele Menschen ist der Esel. Bamian 2013.

Viele der jungen Afghaninnen und Afghanen, denen ich auf meinen Reisen begegne, träumen davon, Ärztinnen, Lehrer oder Ingenieure zu werden, doch die Ausbildungsmöglichkeiten im Land sind beschränkt. Im Bild: Studenten der Universität Kandahar schreiben eine Prüfung im Freien. Kandahar 2014.

Die Hauptstadt Kabul liegt auf fast 1800 Metern über Meer und ist das politische und wirtschaftliche Zentrum des Landes. Kabul 2012.

Kabul ist gezeichnet von den Narben jahrzehntelanger Kriege. Der Darul-Aman-Palast wurde in den 1920er Jahren nach dem Reichstagsgebäude in Berlin erbaut. Im Bürgerkrieg der 1990er Jahre wurde er weitgehend zerstört. Kabul 2014.

# Unterwegs mit den US-Truppen in Kandahar, Mai 2011

«Embed» wird es genannt, wenn man als Journalistin Soldaten begleitet. Ich mache 2011 und 2012 zwei Embeds mit den US-Truppen. So kann ich mich zwar nicht mehr frei bewegen und werde als Teil der ausländischen Truppen ebenfalls zum direkten Anschlagsziel, gleichzeitig lerne ich, zu verstehen, wie die Soldaten ticken und weshalb der internationale Einsatz in Afghanistan zum Scheitern verurteilt ist.

Im Mai 2011 beginne ich mein Embed mit den US-amerikanischen Truppen in Kandahar, im Süden von Afghanistan. Noch dienen fast 100 000 amerikanische Soldaten im Land.

Camp Nathan Smith ist eine Basis in der Stadt Kandahar, die den Spitznamen Ferien-camp trägt. Jeden Freitag gibt es Hummer, der aus Dubai eingeflogen wird, und das Löschbecken dient auch als Swimmingpool.

Täglich patrouillieren die Soldaten durch die Stadt Kandahar und ihre Aussenbezirke und machen Jagd auf Taliban. Die lokalen Bewohner betrachten die amerikanischen Soldaten misstrauisch. «Wieso schiesst ihr auf uns arme Leute? Ihr unterscheidet nicht zwischen den Taliban und uns. Für euch sehen wir alle gleich aus», sagen sie, wenn die Soldaten sie in ein Gespräch verwickeln wollen.

# Opium

«Schwarzes Gold» wird das Opium, das aus Schlafmohn gewonnen wird, in Afghanistan genannt. Die Gewinne, die mit Opium gemacht werden, sind ein wichtiger Teil der Kriegs-ökonomie Afghanistans. Nicht nur die Taliban haben so ihren Widerstand finanziert, auch viele Politiker verdienen kräftig mit. Als die internationalen Truppen in Afghanistan sind, erreicht die Opiumproduktion neue Höchstwerte. Provinz Nangarhar 2012.

Für viele afghanische Kleinbauern ist das Opium die einzige Möglichkeit zu überleben. Ab und zu lässt die Regierung Opiumfelder zerstören wie hier im April 2012 bei einer Zerstörungstour in der Provinz Nangarhar. Die Zerstörung erweist sich schnell als Farce. Provinz Nangarhar 2012.

# Wie weiter

Millionen von Menschen sind in den vergangenen Jahrzehnten vor dem Krieg und den Kämpfen aus ihren Dörfern geflohen. Viele von ihnen leben im Exil in Pakistan, im Iran oder in improvisierten Flüchtlingslagern in und um Kabul. Flüchtlingslager in Kabul 2015.

Im Dezember 2021, vier Monate nach der Machtübernahme der Taliban, sind nach Angaben der UNO mindestens 23 Millionen Menschen, mehr als die Hälfte der Bevölkerung des Landes, nicht mehr in der Lage, sich selbst zu ernähren. Eine anhaltende Dürre, der Zusammenbruch öffentlicher Dienstleistungen, eine schwere Wirtschaftskrise und steigende Lebensmittelpreise im Land sind die Gründe dafür. Bettler in Kabul 2015.

Momente der Unbeschwertheit gehören bei Recherchereisen durch Afghanistan genauso dazu wie jene der Angst. Einen Tag nach dieser Aufnahme sprengt sich ein Selbstmordattentäter unweit vom Fluss vor einer Bank in Jalalabad in die Luft und tötet mehr als dreissig Soldaten und Regierungsangestellte, die ihren Lohn abheben wollten. Jalalabad 2015.

# Mina und der heilige Krieg

Mitte Nachmittag kommt Mustafa ins Hotel zurück. Es ist ein sonniger, warmer Tag, und er schlägt vor, dass wir in den Hotelgarten gehen. Eine blickdichte Mauer umgibt den Garten, der mit Blumen und Teppichen, die an die Mauern genagelt sind, geschmückt ist. Wir setzen uns an einen der Tische, und Mustafa bestellt frischen Granatapfelsaft für uns alle. Dann fährt Mina in ihrer Erzählung fort.

Die Taliban haben längst ihren Einfluss zurückgewonnen. Sie kontrollieren unser Leben aus dem Hinterhalt und aus den Moscheen und an vielen Orten auch ganz offen, als wären sie die gewählte Regierung. Mawlawi Mujibur Rahman Ansari, ein religiöser Gelehrter von der Gazargah-Moschee in Herat, ist einer ihrer Unterstützer. Bei einem Freitagsgebet wandte er sich an die Anwesenden und fragte sie, wie sie es dulden könnten, dass ein Mädchen ihre Schönheit für Shampoo-Werbung im Fernsehen hergebe. Er meinte mich, und seine Aufforderung richtete sich an alle. Sie sollten mich meiden und so strafen. Damals meinte ich noch, das werde alles vorbeigehen und die Zeiten würden sich ändern, das taten sie auch, aber nicht zum Guten.

Herat beengte mich immer mehr. Als ich eines Tages eine Einladung nach London bekam, jubelte ich deshalb. Ich sollte mit Nematullah Hosainzadeh und anderen Musikern der Herat-Volksmusikgruppe für das «Festival of Afghan Culture» nach London reisen. Ich sollte singen, während die Männer Folklore spielen würden. Diese Reise war viel mehr als eine blosse Kulturreise. Sie krönte meinen bisherigen

Erfolg und bedeutete eine Verschnaufpause vom Alltag mit Tod und Krieg.

Im September 2010 war es so weit, und wir flogen nach London. Ich wusste, dass Europa anders ist als Afghanistan, dass Männer und Frauen dort frei sind, und doch verwirrte mich diese Freiheit. Ich beneidete die Londoner, die leben konnten, wie sie wollten, die eine Ausbildung machten, Ideen und Träume verwirklichten. All das weckte in mir grosse Sehnsucht.

Bereits am ersten Abend nach unserer Ankunft waren wir für einen Auftritt in der afghanischen Botschaft eingeladen. Der Botschafter lobte unsere Kunst und auch, dass ich, eine junge Frau, aus dem fernen Afghanistan angereist war. Er erzählte von unserer geplanten Tournee, die uns durch ganz Grossbritannien bis nach Schottland führen würde. Viele Afghanen, aber auch lokale Journalisten waren an diesem Abend eingeladen. Wir sangen «Dokhtare Baba», und gleich nach unserem Auftritt bestürmten uns die Reporter, die uns interviewen wollten. Noch nie hatte ich so deutlich gespürt, dass das Glück auf meiner Seite war. Ich würde als Sängerin und Schauspielerin mein Leben bestreiten. Ich würde irgendwann ein grosser Star sein, so wie die Popikone Googoosh oder die iranische Schauspielerin Katayoun Riahi. Ich genoss den Applaus und hörte die Zuhörer raunen: «Wunderbar gesungen! Was für eine Stimme! Welchen Erfolg das Mädchen haben wird!» Alle sagten das, auch der afghanische Botschafter.

Dann lud mich die persische Sektion der BBC zu einem Interview ein. Die Moderatorin fragte mich, wie es möglich sei, dass ich als junge Frau allein von Herat nach London reisen durfte. «Wenn eine Frau wie ich aus einer so konservativen Stadt wie Herat nach London reist, dann ist das, als würde sie einen Dschihad beginnen», antwortete ich. Es waren diese Worte, die in Herat einschlugen wie eine Bombe. Eine Frau, die vom heiligen Krieg spricht, die selbst für sich beansprucht, in einen Dschihad einzutreten, das war unerhört. Die Männer, all die grauhaarigen Alten, schäumten vor Wut. Man erzählte mir, sie hätten sich nach der Ausstrahlung des Interviews in der Moschee versammelt, um meinen Fall mit den Mullahs zu diskutieren. «Wie kann es sein, dass eine Frau mit drei Männern nach London reist?» – «Sie lebt in Herat und muss unsere Regeln befolgen!» Alle schienen sich in einem Punkt einig zu sein: Jetzt war ich zu weit gegangen und musste bestraft werden. Der heilige Krieg war den Männern vorbehalten, Frauen sollten sich gefälligst raushalten.

## Tee mit dem Talib

Wer sind diese Männer, die für sich in Anspruch nehmen, den heiligen Krieg zu führen? Wieso tritt einer den
Taliban bei? 2015 bin ich wieder in Jalalabad, um Antworten zu finden. Ein Freund hilft mir, Faraidun, einen
ehemaligen Taliban-Kommandanten, zu treffen. 23-jäh-
rig, sechs Jahre Kampferfahrung, zuletzt Kommandant
von mehr als vierzig Männern. Er sieht aus wie ein Dich-
ter: schlanke Finger, schulterlanges, schwarzes Haar, ge-
pflegter Bart, eine braune Weste über dem traditionellen
Gewand der Paschtunen. Darunter trägt er eine Pistole.
Er sitzt ganz still im Schneidersitz auf einem roten Teppich vor einem Teller, auf dem sich trockene Kuchenstü-
cke türmen. Er greift nicht danach, seine Finger gleiten
schnell und unruhig über seine Gebetskette. Was hat er
bei den Taliban gemacht? «Sprengfallen, Autobomben,
Überfälle waren unsere Taktiken. In der Provinz Logar
habe ich einmal fünf gepanzerte Fahrzeuge in die Luft
gesprengt», sagt er ganz ruhig, als wären das ganz nor-
male Begebenheiten eines ganz normalen Lebens.

Vielleicht könnte man es Zufall nennen, dass Faraidun als 17-Jähriger zu kämpfen begann. Vielleicht war es
auch nur die logische Folge von Verrat, Enttäuschung
und Korruption in einem kriegsversehrten Land.

«Wir waren als Flüchtlinge in Pakistan. Nach der
Rückkehr wollten wir im Haus meines verstorbenen Vaters in Jalalabad wohnen. Aber mein Onkel gestattete
uns das nicht.» Faraidun wollte sich sein Recht vor Ge-
richt erstreiten, doch der Onkel hatte Geld und bestach
den Richter. Da ging Faraidun zu den anderen, die in
Afghanistan Macht haben: den Taliban. «Ich wollte zu-

rückkommen, mich rächen und meinen Onkel töten, und ich wollte Afghanistan von den ausländischen Truppen befreien.» Stattdessen tötete er afghanische Regierungsvertreter, Soldaten und Unschuldige. Bald war er auch von den Taliban ernüchtert. «Die Taliban versprachen mir das Paradies, aber da war kein Paradies und auch kein heiliger Krieg. Ich tötete meine afghanischen Brüder. Ich war eine Marionette des pakistanischen Geheimdienstes.» Er sei in pakistanischen Rupien bezahlt worden. Die Anweisungen seien via Telefon aus Pakistan gekommen, ebenso die Waffen und der Sprengstoff. «Pakistan benutzt uns, um Afghanistan schwach zu halten. Es ist ihre Mission, nicht unsere.»

Vor sechs Monaten dann das Amnestieangebot der Regierung. Er solle die Waffen niederlegen, und sie würden ihm mit Geld, Arbeit und Begleitschutz bei der Rückkehr ins zivile Leben helfen. Dann wieder die Enttäuschung. «Keines ihrer Versprechen haben sie eingelöst. Diese Reintegrationsprogramme, der ganze Friedensprozess – alles reine Geldmacherei.» Dorfälteste gäben einfache Bauern als Taliban-Kämpfer aus, um dann das Geld der Behörden einzustreichen, während echte Kämpfer wie er selbst leer ausgingen, sagt Faraidun. Zurück zu den Taliban kann er nicht. Die haben ein Kopfgeld auf ihn ausgesetzt. Dreimal hat er in den letzten Monaten die Wohnung gewechselt. Und jetzt? Wohin? Vielleicht gehe er zum Terrornetzwerk des Islamischen Staates. Der IS hat in der Provinz bereits Fuss gefasst, nennt sich hier IS-K, wobei das K für Khorasan steht, eine historische Region in Zentralasien, die auch Afghanistan umfasste. «Sie suchen Kämpfer wie mich mit Kampferfahrung und Ortskenntnissen. Und sie zahlen gut: 1000 US-Dollar pro Monat.» Bereits hört man von Kämpfen und Rivalitäten zwischen dem IS und den Taliban. Es gibt Berichte von Kämpfern, die für ein paar Dollar die Seiten wechseln. Wen erstaunt's in einem Land, in dem der Staat auf der ganzen Linie versagt? Terrorgruppen wie die Taliban sind hier schlicht Arbeitgeber.

Jahre nach dem Treffen frage ich meinen Freund in Jalalabad, ob er herausfinden könne, wo Faraidun sei. Wochen später schreibt er mir zurück: «Ich habe ihn nicht mehr gefunden, man sagte mir, er sei tot.»

# Minas Fall

Als die letzten Sonnenstrahlen noch knapp über die Mauern des Hotelgartens in Herat strahlen, schaut Minas Mann Mustafa auf seine Uhr. Sie müssten bald gehen, und wir auch. Es sei nicht ratsam, in der Dunkelheit auf den Strassen unterwegs zu sein, zu gefährlich, er bittet seine Frau, schnell zu Ende zu erzählen.

In Afghanistan kann man nicht planen. Lebende sind tot, bevor du dich dessen versiehst. Nach meiner Rückkehr aus London war alles anders. Ablehnung und Wut schlugen mir entgegen: «Schämst du dich eigentlich nicht, du Schlampe?», zischten die Leute, wenn sie an mir vorbeigingen. Bald verliess ich das Haus nur noch versteckt unter der Burka oder zog meinen Tschador so tief ins Gesicht, dass ich nicht mehr erkennbar war. Die Anonymität gab mir einen gewissen Schutz. Früher war ich oft zu kulturellen Anlässen eingeladen worden, jetzt lud mich niemand mehr ein, und ich wäre auch nicht mehr hingegangen. Die Leute fürchteten meine Nähe und zerrissen sich gleichzeitig das Maul. Einige fragten meinen Vater: «Wieso lässt du deine Tochter von einer Stadt in die andere reisen, ja sogar in ein fremdes Land? Keine Musik der Welt ist schön genug, dass ein Mädchen allein reisen darf. Sie sollte zuhause sitzen.» Andere suchten meinen Mann Mustafa in der Schreinerei auf und fragten: «Weshalb lässt du deine Frau arbeiten? Reicht es nicht, wenn du arbeitest, um sie zu ernähren?» Mustafa ballte die Faust im Sack und liess sie reden, aber mich fragte er: «Warum lassen sie uns nicht in Ruhe? Warum können wir nicht einfach an einem Ort leben, wo wir beide tun und lassen können, was wir wollen?»

Eines Vormittags merkte ich auf dem Nachhauseweg, dass mich zwei Männer auf Motorrädern verfolgten. Ich schaffte es gerade rechtzeitig ins Haus. Danach zogen Mustafa und ich um, damit niemand mehr wusste, wo wir wohnten. Ich weiss, was mit Frauen wie mir passiert: Sie werden mit Säure begossen, abgestochen oder angezündet, oft von ihren eigenen Familien – oder sie machen ihrem Leben selbst ein Ende. Ich kannte eine Dichterin in Herat, die wunderbare Gedichte schrieb. Eines Tages zündete sie sich aus Verzweiflung an. Sie starb und ermahnte uns damit alle, nicht zu dulden, dass hier Künstlerinnen keinen Platz mehr haben. Doch wir Frauen schweigen. Einige beschweren sich nicht, weil sie wissen, wie aussichtslos das ist, andere, weil sie vielleicht nie diese Sehnsucht verspürten, die Mauern, die ihr Leben begrenzen, zu sprengen. Ihre Mütter und Grossmütter haben schon so gelebt, und sie werden auch so leben und ihre Töchter ebenfalls. Was haben die Kriege, die Sowjets, die Taliban und die Amerikaner überhaupt verändert? Auf dem Land rein gar nichts. Da schlucken sie bis heute Opium gegen Zahnschmerzen und knüpfen Teppiche in den Innenhöfen. Die Frauen in den Städten aber, die zur Schule gegangen sind, die haben Freiheit gerochen, und wer Freiheit riecht, der sehnt sich nach ihr. Sehnsucht aber ist gefährlich.

Mein Onkel spricht nicht mehr mit mir, seit ich aus London zurückgekehrt bin. Eine wie ich gehöre nicht mehr zur Familie. Hinter jeder Ecke sehe ich nun Verfolger. Mustafas Verwandte tuscheln hinter meinem Rücken, sie sagen, ich solle zuhause bleiben, dort sei es sicherer. Meine Eltern wollen, dass ich das Land verlasse, weil es hier zu gefährlich sei für mich. Selbst Nematullah Hosainzadeh, mit dem ich so oft auf der Bühne gestanden habe, meidet mich nun. Bereits vor der Londonreise riefen ihn Unbekannte an und verlangten, dass er mich aus dem Theater werfe. Damals hatte er noch den Mut, es nicht zu tun, doch er sagte mir: «Entweder bist du extrem mutig, dass du diese Reise nach London wagst, oder du hast unsere Regeln hier noch nicht verstanden.» Auch nach unserer Reise riefen sie ihn an: «Gib uns ihre Adresse, dann werden wir dir ihren Kopf bringen, weil du mit ihr gearbeitet hast.» Da hat er aufgehört, mit mir zu sprechen. Wer aber spricht und immer lauter predigt, ist Mawlawi Mujibur Rahman Ansari. Er hat nicht aufgehört, in der Moschee gegen mich zu hetzen. «Ein Mädchen aus der Stadt der Märtyrer und des Blutes ging nach London, um öffentlich aufzutreten … hat sie denn keinen Vater? Wieso legt ihr niemand Fesseln an? Wir müssen diese Schlampe aus Herat verbannen!» Alle Anwesenden haben genickt und gerufen: «Allahu Akbar! Takbir!» – Gott ist der Grösste! Ich fühle mich taub vor Angst. Ich muss das Land verlassen. Morgen werden wir es wagen. Morgen werden Mustafa und ich fliehen. Iran, Türkei, Europa. Die Flucht ist gefährlich, doch hier haben wir kein Leben mehr. Ich aber will auf der Bühne stehen, erfolgreich sein. Diesen Traum kann mir niemand nehmen.

# Besuch im Frauenschutzhaus

Manchmal werde ich gefragt, ob es schwierig sei für eine Frau, in Afghanistan zu arbeiten, schwieriger als für einen Mann. Ich antworte jeweils: «Journalistin zu sein, ist in einem Land wie Afghanistan das Beste, was einem passieren kann. Als Frau kann ich mit Frauen sprechen, kann sie besuchen und ihre Geschichten erzählen. Als Mann ist das nicht möglich.» Männer erreichen nur die emanzipierten und gebildeten Frauen, die Ausnahmen also in einem Land, wo Frauen oft blosse Statistiken in einem UN-Bericht bleiben. Was aber ist mit all diesen Frauen, die eingesperrt hinter Mauern oder verachtet von ihren eigenen Verwandten irgendwo dahinvegetieren? Wenn immer möglich versuche ich sie zu finden, ihre Geschichten zu erzählen. Im Mai 2012 besuche ich ein Frauenschutzhaus in Kabul.

Was mir sofort auffällt, ist die Stille. Kein Laut, kein Lächeln, schon gar kein Lachen. Wenn die Frauen ihre Geschichten erzählen, sind ihre Stimmen tonlos, als sei bereits alles Leben aus ihnen gewichen. Mumtaz hält sich ganz kurz: «Einer wollte mich heiraten, aber ich wollte ihn nicht. Ich wollte einen anderen. Vier Tage vor unserer Hochzeit drangen neun Männer in unser Haus ein. Sie brachen mir die Hand und gossen Säure über mein Gesicht.» Das war die Rache des Abgewiesenen. Wenn er Mumtaz nicht haben konnte, dann sollte sie auch kein anderer haben. Ihr Gesicht sollte zur Fratze werden, unansehnlich. Fingerdicke, rote Geschwulste ziehen sich jetzt, ein halbes Jahr nach dem Säureangriff, über ihr Gesicht. Sie versucht sie mit ihrem Schleier zu verbergen. Die Verlobung wurde aufgelöst. Heiraten will sie nicht mehr, niemals.

Am Boden, den Rücken ans Sofa gelehnt, sitzt Asifa. Sie war achtzehn Jahre alt, als sie von zuhause ausriss. Ihre Familie wollte sie an den fünfzehn Jahre älteren Nachbarn, einen Opiumbauern, verheiraten. Der hatte Asifas Vater bereits 5000 Dollar bezahlt, und die Mutter schickte sie nun regelmässig rüber ins Nachbarhaus, wo er sich das Recht herausnahm, Asifa zu vergewaltigen, wann immer er wollte. Doch Asifa wollte ihn nicht heiraten. Sie hatte sich über ein Musikwunschprogramm in den Cousin des Radiomoderators verliebt. Die beiden schickten sich kleine Liebesbotschaften, und dann entschlossen sie sich zur Flucht. Sie wohnten in der Provinz Logar, die Grenze zu Pakistan war nahe, dort wollten sie hin und in Pakistan heiraten, doch bereits in Jalalabad wurden sie von der Polizei geschnappt. Asifa wurde zu sieben Jahren Gefängnis verurteilt, ihr Geliebter kam frei. Im Gefängnis gebar sie das Kind ihres Vergewaltigers. Armajan, ein Mädchen. Nachdem sie die Hälfte ihrer Haftstrafe abgesessen hatte, wurde auch sie mit ihrer Tochter freigelassen, doch nach Hause zurückkehren können die beiden nie mehr. Wer die Familienehre beschmutzt hat, wird durch keine Gefängnisstrafe reingewaschen. «Ich bereue, was ich getan habe. Ich habe die Strafe verdient», sagt sie tonlos.

Vierhundert Mädchen und Frauen sitzen im Jahr 2012 in afghanischen Gefängnissen, weil sie von zuhause ausgerissen sind, verurteilt wegen sogenannt «moralischer Verbrechen». Es erschüttert mich, dass die Frauen selbst glauben, sie hätten es verdient, ausgestossen und misshandelt zu werden. Als ob sie diese Moralverbrechen verinnerlicht hätten, unfähig, sie als das zu sehen, was sie sind: ein gesellschaftliches Konstrukt, ein Instrument der Unterdrückung. Ich frage mich, welch ein Leben nicht nur Asifa, sondern auch ihrer Tochter bevorsteht, in diesem Land, in dem Erinnerungen an verletzte Ehre über Generationen weitergetragen werden.

# Mina auf der Flucht

Beim Abschied von Mina in dem kleinen Hotel in Herat, in dem wir an diesem sonnigen Apriltag im Jahr 2011 unser erstes Gespräch geführt haben, reiche ich ihr meine Visitenkarte. Ich bitte sie, sich zu melden. Sie verspricht es, doch dann höre ich nichts mehr von ihr. Erst am 2. Mai 2013, zwei Jahre nach dem Treffen, sehe ich eine E-Mail in meinem Posteingang. Der Absender ist Djamal Amani, Minas Bruder. Seit drei Jahren wohne er mit seiner Frau und seinem Sohn Daniel in der Schweiz im Kanton Solothurn, schreibt er. Mina habe ihm die Angaben meiner Visitenkarte weitergeschickt. Er hoffe, ich könne ihm helfen.

Guten Tag Frau Wenger

Meine Schwester hatte Ihnen nicht die ganze Geschichte erzählt. Die Geschichte hat eigentlich mit mir angefangen. Ich bin dafür verantwortlich, dass meine Schwester in ganz Afghanistan berühmt wurde. Ich habe gehört, wie alle, meine ganze Familie und alle Bekannten, Mina beschimpften. Ich habe sie reden hören, aber Mina wollte sie nicht ernst nehmen. Ich bin als Erster unserer Familie geflohen, weil ich wusste, dass es für uns keine Zukunft in Afghanistan gibt.

Hat Ihnen Mina erzählt, wie jemand eines Nachts um vier Uhr früh an unsere Tür klopfte? Vater machte auf, vor der Tür standen Männer mit Gewehren und verlangten nach Mina und mir. Mir war klar, dass sie uns nie in Ruhe lassen würden.

Als meine Frau unseren Sohn gebar, wusste ich, dass wir so schnell wie möglich aus Afghanistan rausmüssen. Ich wollte auch meine Schwester Mina mitnehmen, aber sie wollte nicht. Sie meinte, in Afghanistan könne ihr Mann arbeiten und sich weiterbilden.

Als sie von ihrer Reise nach England zurückkam, merkte sie, dass sich alle gegen sie verschworen hatten. Erst da wurde ihr klar, dass es für sie als Sängerin keine Zukunft in Afghanistan gab und sie das Land verlassen musste. Sie steckt jetzt in einer äusserst schwierigen Situation, deshalb brauche ich Ihre Hilfe.

Ich muss der Schweizer Regierung beweisen, dass ich, meine Frau und mein Sohn sowie Mina Asyl brauchen. Sie kennen Afghanistan, Sie kennen Mina. Bitte helfen Sie uns!

Am 13. Mai 2013 soll das Gespräch bei den Behörden stattfinden. Bitte, bitte, helfen Sie uns.

Wir warten auf Ihre Antwort.

Ihr Djamal

Ich rufe Djamal an.

*Hallo Djamal, wie geht es Ihnen?*

Ich bin in der Schweiz, das ist gut.

*Sie haben von Mina geschrieben, aber wieso sind Sie geflohen?*

Wegen all der Probleme. Die begannen im Jahr 2010 mit Minas Interview mit der BBC in London. Danach wurde unsere ganze Familie bedroht und verfolgt. Mawlawi Mujibur Rahman Ansari hetzte und hetzte. Er sagte, Mina sei eine Schlampe. Auch in der Schweiz habe ich das gehört. Afghanen sprechen auch hier schlecht über Mina. Das Ansehen unserer Familie war zerstört, und die Leute drohten, uns zu töten.

*Aber Mina floh doch erst später, warum sind Sie denn früher geflohen?*

Ich habe im Basar eine Frau kennengelernt, Azieh. Wir haben uns verliebt. Azieh lebte bei ihrem Vater und der Stiefmutter. Als sie klein war, hat ihr Vater die Mutter getötet. Wieso, weiss ich nicht. Ich bat um ihre Hand, aber ihr Vater verweigerte sie mir und sagte seiner Tochter: «Ich werde nicht zulassen, dass du einen Mann heiratest, dessen Schwester im Fernsehen auftritt!» Als ihr Vater Azieh an einen 80-Jährigen verheiraten wollte, sagte ich: «Azieh, lass uns abhauen!» Und das taten wir dann auch.

*Wie sind Sie denn in die Schweiz gekommen?*

Wir gingen in den Iran und von dort illegal über die Grenze in die Türkei. Von Istanbul brachte uns ein Schlepper über die grüne Grenze nach Griechenland. Dort ist es einfach, Schlepper zu finden. Du gehst in einen Park oder zu einem Spielplatz und fragst irgendeinen Ausländer dort. Viele Geldwechsler sind Mittelsmänner, denen man das Geld für die Schlepper übergibt. Wir versuchten es dreimal: einmal mit einem falschen spanischen, dann mit einem falschen italienischen und dann mit einem rumänischen Pass. Erst mit diesem funktionierte es, und wir flogen von Athen nach Zürich. In Zürich am Flughafen wurden wir festgenommen und beantragten sofort Asyl. Wir waren 23 Tage im Flughafen und kamen dann in ein Asylzentrum. Für die Reise von Istanbul nach Zürich habe ich für uns drei etwa 4800 Euro an die Schlepper bezahlt. Mein ganzes Erspartes.

*Und jetzt?*

Jetzt warten wir und hoffen, dass wir in der Schweiz Asyl bekommen. Ein iranischer Freund hier hat mich gefragt: «Djamal, wieso weinst du immer?» Aber sagen Sie mir, wie kann man lachen in dieser Ungewissheit? Helfen Sie uns?

*Ich kann an die Behörden schreiben. Vielleicht nützt das etwas. Wie geht es Mina?*

Minas erste Flucht ist gescheitert, sie musste zurück nach Afghanistan. Doch sie versuchte es wieder und wieder. Jetzt ist sie in Istanbul, ihr Mann aber blieb im Iran und arbeitet in einer Schreinerei. Mina ist illegal in der Türkei. Wird sie geschnappt, schicken sie sie zurück nach Afghanistan. Schreiben Sie den Behörden, dass Mina nicht in Afghanistan leben kann, dass sie um ihr Leben fürchten muss. Bitte, helfen Sie uns!

Am 11. Februar 2014 teilt mir Djamal über Facebook mit, dass er und seine Frau inzwischen einen positiven Bescheid der Behörden bekommen hätten. «Wir haben jetzt den B-Ausweis und dürfen vorerst in der Schweiz bleiben und arbeiten. Vielen Dank, dass Sie sich für uns eingesetzt haben.» Er habe in einem Restaurant gearbeitet, aber nun sei er arbeitslos. «Ich bin oft krank, ich glaube wegen des Stresses und der Angst um Mina. Mina geht es nicht gut. Ihr Mann ist umgekommen. Ich bin sehr deprimiert und weiss nicht, wie ich ihr helfen kann.»
    Erst ein Jahr später kann ich wieder direkt mit Mina sprechen, diesmal über Skype.

Unser erster Fluchtversuch nach Europa war eine Katastrophe. Nach dem Treffen mit dir in Herat versuchten wir noch beim iranischen Konsulat ein Visum zu bekommen. Für meinen Mann Mustafa war das kein Problem, mich aber fragten sie nach dem Grund meiner Reise. «Aus gesundheitlichen Gründen», sagte ich und log nicht einmal. Seit die Hetze gegen mich begonnen hatte, litt ich an Magenbeschwerden. Die Botschaftsangestellten lachten nur und sagten, ich wolle doch nur fliehen. Sie wussten, wer ich bin, und sie wussten von den Drohungen. Sie gaben mir kein Visum. Ich zahlte 1000 US-Dollar an einen Schlepper, der mich über die Grenze brachte. Mustafa wartete auf der anderen Seite. Wir waren im Iran.

Die ersten Tage blieben wir in Mashhad bei unserer Tante. Meine Geschwister, Shahla und ihr Sohn sowie mein Bruder Jafar, seine Frau, ihre beiden kleinen Mädchen und mein anderer Bruder Javad, waren bereits dort. Wir wollten gemeinsam als Familie nach Europa fliehen. Die nächste Station war Urmia, nahe der türkischen Grenze. Dort suchten wir einen Schlepper, was nicht schwierig war. Wir mussten einfach ein paar Familien fragen, die aus Afghanistan oder Pakistan in den Iran gekommen waren. Viele von ihnen hatten Angehörige, die aus politischen oder anderen Gründen mit Schleppern in die Türkei weitergereist waren. Unser Schlepper war Iraner und verlangte 2500 US-Dollar pro Person, um uns aus dem Iran nach Griechenland zu bringen. Ein Geldwechsler war unser Mittelsmann. Als wir bei ihm die 5000 US-Dollar deponiert hatten, vermittelte uns der Iraner an weitere Männer, alles Kurden, die die Schmugglerrouten kannten und uns über die Grenze bringen sollten. Wir mieteten ein Zimmer und warteten auf ihren Anruf.

Die Reise begann in einem Park. Ich hatte einen Rucksack, ein wenig Wasser und ein paar Kleider dabei, auch eine Zahnbürste hatte ich eingepackt und natürlich Geld. Von

Urmia brachten uns die Schlepper mit Autos in die Berge. Wir waren etwa 100 oder 150 Flüchtlinge. Viele Familien waren dabei, und alle kamen aus Afghanistan oder Pakistan. Dann begann der Fussmarsch. Nach einer Stunde hörten wir Schüsse und sahen Soldaten. Kinder, Frauen, Männer, alle schrien durcheinander und rannten los. Die Soldaten schrien ebenfalls: «Hinlegen! Nicht bewegen!» Sie schnappten uns alle, nur meine Schwester Shahla und ihr Sohn entkamen, doch auch sie kehrten nach der missglückten Flucht freiwillig nach Afghanistan zurück.

Nachdem sie uns verhaftet hatten, wurden wir ins Gefängnis von Urmia gebracht, ein Loch. Sie rasierten uns die Schädel und trennten Frauen und Männer. Dann sperrten sie uns in Zellen, wo uns Kriminelle, Schmuggler, Flüchtlinge und zum Tod Verurteilte erwarteten. Einige Flüchtlinge waren bereits seit zwei Monaten im Gefängnis. Wir hatten Glück. Nach vier Tagen schoben sie uns in einen Bus; Männer in Handschellen, Frauen ohne. Eine ganze Woche waren wir unterwegs. In Teheran warteten wir einen Tag lang in einem Deportationslager, dann schafften sie uns nach Afghanistan aus. Da waren wir wieder, am Anfang, in Herat, einer Stadt, die nichts Gutes für uns bereithielt. Ich verkroch mich und kappte alle Fäden zur Aussenwelt.

Ich brauchte lange, um mich von der gescheiterten Flucht zu erholen. Es war, als kauerte ich in einem tiefschwarzen Loch. Oft war ich krank. Zu jener Zeit wohnten wir bei Mustafas Eltern. Tagsüber half ich manchmal meiner Schwiegermutter, kochte mit ihr oder putzte. Ich hatte meine Telefonnummer gewechselt, und bis auf wenige Leute in meiner Familie wusste niemand, dass ich in Herat war. Mustafa arbeitete wieder, aber da ich nicht mehr aus dem Haus ging, wussten die Leute nicht, dass ich auch da war.

Anfangs fragten sie noch, wo ich sei. «Im Ausland», antwortete Mustafa, und damit war die Sache erledigt.

Die meisten meiner Geschwister lebten damals in Herat, nur Djamal war bereits geflohen. Mein Vater arbeitete immer noch als Busfahrer und kam selten vorbei. Doch alle wollten weg, meine ganze Familie, auch wenn jeder seine eigenen Gründe hatte. Meine beiden Brüder Jafar und Javad waren heimlich zum Christentum übergetreten. Sie hatten in einer Kirche im Iran als Schreiner gearbeitet und wurden dort bekehrt. Sie sagten, sie hätten genug von all dem Morden und wollten dem Islam ein für alle Mal den Rücken kehren. In Afghanistan nahmen sie an geheimen Bibelstunden teil, aber in diesem Land bleibt nichts geheim, und niemand kann sich ungestraft vom Islam abwenden. Als meine Brüder Shahla und ihren Mann, die für die ausländischen Soldaten arbeiteten, darum baten, ihnen christliche Bücher von den Amerikanern zu bringen, blieb das nicht unbemerkt, und Jafar und Javad erhielten Morddrohungen. Sie flohen wieder aus dem Land. Diesmal kehrten sie nicht mehr zurück. Sie wussten, dass die Taliban niemals Andersgläubige tolerieren würden. Die werden erst zufrieden sein, wenn sie ihren islamischen Staat haben, wenn sie aus unserem Land ein zweites Saudi-Arabien gemacht haben, eine arme Kopie davon. Ich zweifle nicht daran, dass sie es schaffen werden. Die Taliban haben immer gesagt: «Die Ausländer haben die Uhren, aber wir haben die Zeit.»

Ich hatte alle Zeit der Welt, und das ist nichts Gutes, wenn du deprimiert bist. Sollte ich in Afghanistan bleiben? Aber was dann? In Herat konnte ich nicht mehr auftreten und nicht mehr leben. Ich merkte, wie ich mich immer mehr in das schüchterne Mädchen zurückverwandelte, das ich zu jener Zeit war, als wir nach Afghanistan gezogen waren.

Mustafa sorgte sich um mich. Er war, wann immer er konnte, an meiner Seite. Man sagt, Liebe wachse mit den Jahren. Aber in mir wuchs keine Liebe, nicht für Mustafa, obwohl er so nett zu mir war. Wenn du je geliebt hast, dann weisst du, dass man Liebe nicht erzwingen kann. Sie ist einfach da. Ich sage das, weil ich die Liebe bereits kannte, als ich mit Mustafa zusammenkam. Ich wusste, wie es sich anfühlt, verliebt zu sein, auch wenn ich das nie jemandem erzählt habe. Für Mustafa aber fühlte ich nichts, und er wusste, dass ich ihn nicht liebte. Am Anfang erzürnte ihn das, aber er war ein sehr fürsorglicher und geduldiger Mann, und so wartete er einfach und hoffte, dass irgendwann in mir die Liebe für ihn erwachen würde. Für mich war er wie ein Freund oder ein Bruder. Einer, der Wort hielt und mich zu nichts drängte, nicht einmal dazu, Kinder zu kriegen. Ich schämte mich, wenn ich mit Mustafa schlief. Sex zu haben mit jemandem, den man nicht liebt, macht keinen Spass. Es wird zur Pflicht, die du als Ehefrau erfüllen musst. Mustafa verstand auch das und sagte, wenn ich nicht wolle, dann werde er mich nicht mehr anrühren. Und so vergingen manchmal zwei, drei Monate ohne Sex. Erst später, nachdem er so jäh aus dem Leben gerissen worden war, wurde mir wirklich bewusst, was für ein wunderbarer Mensch er war. Er war der reinste, makelloseste und ehrlichste Mensch, der mir in meinem Leben begegnet ist. Und trotzdem reichte all das nicht, um mich in ihn zu verlieben.

Ein Jahr verharrte ich in meinem dunklen Loch, dann kroch ich heraus und wagte meinen nächsten Fluchtversuch mit Ziel Europa. Das war irgendwann im Jahr 2012.

Wieder verweigerte mir die iranische Botschaft das Visum, während Mustafa eines bekam. Mein Vater kannte

Leute, die im Süden an der Grenze arbeiteten. Diese wussten, wie viel Schmiergeld die Grenzbeamten verlangten, um jemanden wie mich passieren zu lassen. Die Sache mit den Dokumenten ist schnell erledigt, wenn du das Geld bereithast, aber vor allem legen sie Wert auf deine Kleidung. «Trägst du ein einfaches Kopftuch oder sogar Hosen, lassen sie dich nicht passieren. Du musst einen Tschador tragen und dich ganz verhüllen», erklärten sie uns. So stand ich vor dem Grenzbeamten, Tschador um Körper und Gesicht gewickelt, und hielt ihm meinen Pass ohne Visum hin. Ich hatte tausend US-Dollar in den Pass gelegt, Geld, das ich selbst verdient hatte. Der Beamte schaute nicht auf, als er meinen Pass entgegennahm, und auch nicht, als er ihn mir zurückgab mit einem Blatt Papier, auf dem stand, ich würde einen Verwandten im Gefängnis im Iran besuchen. Niemand öffnete meinen kleinen Koffer, in den ich ein paar Kleider gepackt hatte. Niemand stellte eine Frage.

In Mashhad erwarteten uns meine Geschwister. Meine Schwester hatte über einen Freund einen Schlepper ausfindig gemacht. «Der leistet saubere Arbeit und hat schon vielen Leuten geholfen», sagte sie. Auch ich hatte seinen Namen bereits gehört. Einige meiner Freunde, die im Aussenministerium von Afghanistan gearbeitet hatten und bedroht wurden, waren mit seiner Hilfe geflohen. Er verlangte 2500 US-Dollar pro Person, um uns nach Griechenland zu bringen. Dieses Mal zahlten wir nicht im Voraus. Wir hatten unsere Lektion gelernt und wollten nicht wieder das ganze Geld verlieren, sollte etwas schiefgehen.

Wir blieben einen Monat in Mashhad und reisten dann wieder nach Urmia. Dort warteten wir tagelang auf Anweisungen. Der Schlepper aber sagte: «Es gibt Probleme auf der Route, habt Geduld.»

Was unser Ziel war? Irgendein Land in Europa, das sicher und friedlich ist. Ein Land, aus dem nicht alle Menschlichkeit weggebombt wurde, wo uns niemand als Ungläubige beschimpfen würde und wo ich singen konnte. Wer nie im Krieg gelebt hat, weiss nicht, wie wenig es braucht, um ein Leben lebenswert zu machen.

Und dann standen wir wieder in den Bergen und machten uns zu Fuss auf den Weg zur Grenze. Auch diesmal waren wir etwa 150 Flüchtlinge und verschiedene Schlepper, und auch diesmal entdeckten uns die Soldaten, als wir beinahe an der Grenze angelangt waren. Sie schossen zuerst in die Luft und dann auf die Leute. Besser ich sterbe, als dass sie mich wieder zurück nach Afghanistan schicken, dachte ich, und ich rannte, bis mir die Lungen brannten und ich mich in einem Tal wiederfand, wo ich auf ein paar Schlepper und einige Flüchtlinge stiess. Die Schlepper brachten uns in einen Stall, gaben uns Tee und machten Feuer, dann brachten sie uns zurück zur Grenzstadt Urmia. Jemand sagte später, die Schlepper hätten drei Kilo Heroin dabeigehabt, und wir seien verpfiffen worden, aber was weiss ich schon.

Bis auf zehn Leute wurden alle in jener Nacht von den Soldaten verhaftet. Ich war die Einzige meiner Familie, die entkam. Alle anderen, auch Mustafa, wurden nach Afghanistan zurückgeschafft. Shahla blieb vorerst dort. Ihr Mann drohte ihr, sich scheiden zu lassen, falls sie ihren Sohn wieder mit in den Iran nehmen wolle. Sie harrte noch eine Zeitlang in Afghanistan aus und hoffte, die Amerikaner würden ihr und ihrer Familie helfen, da ihr Mann noch immer als Übersetzer für die amerikanischen Soldaten arbeitete. Doch die Amerikaner halfen ihr nicht, deshalb half Shahla sich schliesslich selbst.

Nach unserem zweiten gescheiterten Fluchtversuch kehrte ich zu meiner Tante nach Mashhad zurück. Einen Monat später kam Mustafa aus Afghanistan in den Iran. Auch er hatten diesmal 1000 US-Dollar bezahlt, um die Grenze in Nimruz überqueren zu können. Er war erschöpft und wollte vorerst im Iran bleiben. Ich aber drängte ihn, es noch einmal zu probieren, doch er blieb stur und sagte: «Geh allein, du schaffst das.» Manchmal frage ich mich, was geschehen wäre, wenn er noch einmal, dieses eine Mal, mitgekommen wäre. Wäre er dann noch am Leben? Und so versuchte ich es, drei Monate nach dem letzten Versuch, erneut. An der Busstation hielt Mustafa meine Hände und sagte: «Viel Glück. Ich komme in zwei, drei Jahren nach, wenn du längst in Europa bist.»

Ein drittes Mal fuhr ich mit einem Rucksack, ein paar Kleidern und einem kurdischen Schlepper zur Grenze. Er wählte einen anderen Weg als die Schlepper vor ihm. Elf lange Stunden gingen wir zu Fuss, kletterten Hügel rauf und runter, ich und all diese Familien aus Afghanistan und Pakistan, eine kleine Gruppe diesmal, vielleicht 25 Personen, vor allem Frauen und Kinder.

Woher ich die Kraft nahm? Ich dachte immerzu daran, was mich in Afghanistan erwarten würde. Ich dachte viel an den Tod und fürchtete ihn. Für mich gab es nur eine Richtung: nach vorne. Ich wollte arbeiten, singen, Theater spielen und vielleicht als Reporterin tätig sein. Ich wollte frei sein.

Und auf einmal waren wir da, an der Grenze und in der Türkei, als ob es die einfachste Sache der Welt gewesen wäre, eine Wanderung über die grüne Grenze.

Wir erhielten ein Stück Papier mit unserem Passfoto, eine Art Identitätskarte. Es waren falsche Dokumente mit falschen Namen. Ich hiess von nun an Maryam. Sie brachten uns mit Bussen in die türkische Stadt Van, wo wir ein paar Tage blieben. Von dort ging es weiter nach Istanbul, wo wir den Schleppern die ersten 1000 US-Dollar der Etappe gaben. Den Rest sollten wir in Griechenland bezahlen. Doch die Wochen verstrichen, ohne dass etwas geschah. Ich hörte, dass mehr Flüchtlinge verhaftet und die Kontrollen strenger wurden. Unsere Schlepper wurden nervös. Griechenland blieb in weiter Ferne.

In der Türkei fand ich mich nur schlecht zurecht. Ich verstand weder die Sprache, noch wusste ich, was ich nun tun sollte. Ich bezog mit einer Frau und ihren zwei Töchtern ein Zimmer in einer kleinen Stadt und harrte aus. Die Tage verstrichen, dann die Wochen, und schliesslich wurden es Monate. Irgendwann zog ich nach Istanbul.

Afghanistan hat heute eine Bevölkerung von schätzungsweise 35 Millionen Menschen. Genau weiss es niemand, denn die letzte Volkszählung wurde 1979 durchgeführt. In jenem Jahr sind auch die sowjetischen Besatzer in Afghanistan einmarschiert, und es markiert den Beginn jahrzehntelanger Kriege und grosser Flüchtlingsströme. Laut dem UN-Flüchtlingshilfswerk, UNHCR, leben vor der Rückkehr der Taliban 2021 ungefähr 4,6 Millionen Afghanen und Afghaninnen – darunter 2,6 Millionen registrierte Flüchtlinge – ausserhalb des Landes. Rund 90 Prozent von ihnen befinden sich in den Nachbarländern Pakistan und dem Iran. 2015/16, auf dem Höhepunkt der Flüchtlingskrise, flohen ungefähr 250 000 Afghanen nach Europa. Afghanistan bleibt, nach Syrien und Venezuela, das Land mit der weltweit drittgrössten Flüchtlingszahl.

Die Zahl der Menschen, die weltweit vor Krieg, Konflikten und Verfolgung fliehen, war noch nie so hoch wie heute. Ende 2020 lag sie laut UNHCR, bei 82,4 Millionen – mehr als einem Prozent der Weltbevölkerung. Jede 95. Person auf dieser Welt muss wegen Konflikt oder Verfolgung aus ihrem Zuhause fliehen. Seit 2010 hat sich die Zahl der Menschen auf der Flucht verdoppelt.

Eigentlich gibt es nicht mehr viel zu erzählen. All die Jahre seither, die Jahre in Istanbul, verschwimmen in meiner Erinnerung. Nach Griechenland habe ich es nie geschafft. Ich war in dieser Stadt und wartete. Nach drei Monaten sagte Mustafa, ich solle in den Iran zurückkommen, die Zeiten hätten sich geändert, die Flucht sei zu schwierig und zu gefährlich. Ich aber weigerte mich. Und dann geschah es: Mustafa wurde in Mashhad von einem Bus angefahren. Er lag einen Tag im Koma und starb einen Tag später am 7. Februar 2014. In diesem Moment fiel alles in sich zusammen, alle meine Hoffnungen, wie ein Papierdrachen, der vom Himmel stürzt. Mein Mann war tot, ich musste zurück in den Iran. Einen anderen Entscheid, etwa in Istanbul zu bleiben, wäre von niemandem in meiner oder seiner Familie akzeptiert worden. Unsere Kultur verlangt von jedem Einzelnen, dass er die Pflichten, die er gegenüber der Familie und Gesellschaft hat, vor sein eigenes Wohl stellt. So machte ich mich auf den Weg zurück in den Iran.

Ich denke an Mustafa, diesen ruhigen, besonnenen Mann, der uns vor fast drei Jahren mit so viel Gastfreundschaft in Herat beschenkt hat. Wie viel Bewunderung und Anerkennung in seinem Blick lag, wenn er

Mina anschaute. Jetzt ist er tot. Nicht der Krieg hat ihm das Leben geraubt, auch kein schiessender Grenzbeamter, sondern ein Bus. Es erscheint mir wie eine grosse Ungerechtigkeit des Lebens. Und nicht nur sein Leben ist damit zu Ende, sondern auch Minas Hoffnung auf ein neues Leben in Freiheit wurde einmal mehr zerstört.

Den Grenzbeamten zu bestechen, war einfach, es kostete nur 400 US-Dollar. Schon war ich im Iran. So funktioniert die Flüchtlingsökonomie: Vom Iran in die Türkei zu kommen, ist teuer, umgekehrt ist es sehr viel billiger. Es sollte mir recht sein, denn von den 30 000 US-Dollar, die ich in all den Jahren gespart hatte, war kaum mehr etwas übrig geblieben.

Als ich in Mashhad ankam, hatten Mustafas Verwandte seine Leiche bereits nach Afghanistan gebracht. Ich war untröstlich, aber ich wollte und konnte nicht zurück. Schuldgefühle plagten mich. Wäre ich nur bei ihm geblieben. Mustafa hatte die Reise von Afghanistan in den Iran nur meinetwegen gemacht. Ohne mich wäre er nie dorthin gegangen und nie von einem Bus getötet worden. Ich bin verantwortlich für seinen Tod, sagte ich mir, und Mustafas Familie sagte dasselbe. Seine Verwandten beschlossen, dass ich einen von Mustafas Brüder heiraten müsse, doch ich weigerte mich. Ich weiss nicht, was sie mir weniger verziehen haben, den Tod von Mustafa oder dass ich mich weigerte, seinen Bruder zu heiraten. Noch heute erzählen sie allen, ich hätte Mustafa umgebracht, und sie schworen Rache.

Ich blieb ein halbes Jahr bei meiner leiblichen Mutter im Iran. Ich tat nichts, blieb einfach bei ihr und liess mich von ihr trösten. Ich wusste nicht, was ich als Nächstes tun sollte. In dieser orientierungslosen Zeit lernte ich Reza kennen. Er war ein Freund meiner Brüder. Seine Familie stammte wie wir aus Herat, aber sie war in den Iran ausgewandert, als Reza ein oder zwei Jahre alt war. Er besass immer noch einen afghanischen Pass und hatte einzig eine Aufenthaltsbewilligung für den Iran. Sein ganzes Leben hatte er in diesem Land verbracht, war da zur Schule gegangen und hatte sein eigenes Geschäft aufgebaut. Er verkaufte Pistazien, aber das lief nicht, deshalb begann er mit Kleidern, Porzellan und anderen Waren zu handeln, was erfolgversprechender war. Reza kannte mein Leben, meine Probleme, all das, was ich durchlebt hatte, bereits aus den Erzählungen meiner Brüder. Bei ihm fühlte ich mich geborgen und verstanden. Er war elf Jahre älter als ich und anders als die Männer, die ich sonst kannte. Er verstand, was eine Frau bei einem Mann sucht: Zuneigung, Aufmerksamkeit, Sicherheit. Mustafa war ein liebenswürdiger Mann gewesen, aber er hatte seine Gefühle nie ausdrücken können und es nie geschafft, mein Herz zu gewinnen. Für Reza aber war das ein Leichtes. Er war gleichzeitig stark und verletzlich. Ich verliebte mich Hals über Kopf in ihn.

Wir heirateten im Oktober 2014 im Iran, wenige Monate nach Mustafas Tod. Nach der Hochzeit wagte ich den Grenzübertritt in die Türkei erneut. Ich fuhr mit Reza und meinen Brüdern Javad und Jafar nach Maku, etwas weiter nördlich von Urmia. Viele Flüchtlinge waren zu jener Zeit unterwegs, die Grenzkontrollen waren laxer, die Preise gesunken. Diesmal zahlten wir nur 800 US-Dollar pro Person, und der Weg über die Grenze war einfach und problemlos. Wir marschierten ein paar Stunden, dann waren wir in der Türkei. Auf einmal schien es, als habe die Türkei nichts dagegen, uns aufzunehmen. Und noch etwas hörten wir, was uns mit Hoffnung erfüllte: die Grenzen nach Europa würden geöffnet. Bald könnten wir ungehindert nach Deutschland reisen.

Warum Reza mitkam, obwohl es ihm gut ging im Iran? Vielleicht wegen mir, aus Liebe. Manchmal sind Entscheidungen einfach. Warum ich noch wegwollte, obwohl er genug verdiente? Weil ich seit Jahren von Europa träumte, und dieser Traum war nun zu einer Obsession geworden und hatte sich in mir festgebrannt.

Zuerst versuchten wir den legalen Weg. Wir registrierten uns bei der UNO als Flüchtlinge und hofften, so nicht mehr nach Afghanistan zurückgeschickt zu werden, vielleicht Asyl zu bekommen oder in ein anderes, europäisches Land weiterverwiesen zu werden. Wenn du dich als Flüchtling anmeldest, wird dir ein Ort zugeteilt, wo du leben und dich regelmässig bei der Polizei melden musst. Reza und ich wurden in der Küstenstadt Yalova einlogiert, genauso wie einer meiner Brüder. Der andere war in Çanakkale, weiter südlich. Wir blieben also einige Monate in Yalova und meldeten uns regelmässig bei der Polizei. Unterstützung gab es keine. Die Vertreter der UNO sagten immer wieder, wir müssten Geduld haben, aber nichts geschah. Wie lange sollten wir warten? Ein Jahr, zwei oder zehn?

Yalova war eine kleine Stadt voller afghanischer Flüchtlinge. Einige kannten mich, und so fürchtete ich, dass ich auch hier bald zur Verfolgten würde. Und genau das geschah: Eines Tages, als ich mit Reza spazieren ging, sprachen uns ein paar Männer an. Sie sagten, sie seien Mawlawi Mujibur Rahman Ansaris Männer und wüssten, wer ich sei. Sie würden endlich das religiöse Urteil des Imams der Gazargah-Moschee in Herat vollstrecken und mich umbringen. Reza und ich rannten zu unserer Unterkunft, packten unsere Sachen und flohen nach Istanbul, wo wir seither illegal leben. Wir gingen nie mehr nach Yalova zurück, um dort die Unterlagen zu unterschreiben. Die Hoffnung auf Asyl haben wir aufgegeben. Doch auch in Istanbul sind wir nicht sicher, da hier viele Afghanen leben. Seit Jahren stehe ich unter ständigem Stress, habe Angst, erkannt oder erwischt zu werden, und verlasse kaum die Wohnung.

Nur Europa kann uns Sicherheit bieten, davon bin ich nun überzeugt. In Europa würde ich arbeiten können, ich wäre all meine Probleme los, ich wäre frei und entspannt wie die Leute, die ich in London gesehen habe.

Schon seit Jahren fliehen Menschen aus den Krisenregionen der Welt über das Mittelmeer nach Europa – mit verheerenden Auswirkungen: Im Jahr 2016 ertranken über 5000 Menschen im Mittelmeer. 2017 starben oder verschwanden laut dem UN-Flüchtlingshilfswerk mehr als 3100 Geflüchtete, 2018 waren es mehr als 2200 Tote und Vermisste, 2019 1335 Menschen, und 2020 fanden 1401 Menschen den Tod bei der Flucht über das Mittelmeer oder sind vermisst. Mehr als 850 Menschen haben in der ersten Jahreshälfte 2021 die Überfahrt übers Mittelmeer nicht überlebt oder werden vermisst. Die Zahlen der Toten und Vermissten können jedoch nur Schätzungen sein. Die genaue Zahl der Opfer wird für immer im Dunkeln bleiben. Auch viele von Minas Geschwistern wählten die Route übers Mittelmeer, um nach Europa zu gelangen. Ich frage mich, ob Mina weiterhin an diesem Plan festhält. Wir sprechen über Skype.

Der Weg nach Europa ist gefährlich, und ich bin nun nicht mehr allein, sondern für mich und mein Kind verantwortlich. Meine Tochter Raha kam am 18. Dezember 2014 zur Welt. Raha war kein Wunschkind. Mein Gott, das ist nicht der richtige Zeitpunkt, dachte ich, als ich damals im Iran merkte, dass ich schwanger war. Das war kurz nach Mustafas Tod und bald nachdem ich Reza kennengelernt hatte, jedoch bevor wir heirateten. Du kannst dir ja selbst denken, was eine solche Schwangerschaft in der afghanischen Gesellschaft bedeutet – einer Gesellschaft, in der sie dich schon Schlampe nennen, wenn du öffentlich singst.

Mutter zu werden, ist etwas Eigenartiges. Raha macht mich glücklich, wütend und traurig zugleich. Manchmal bereue ich, sie bekommen zu haben, dann wieder danke ich Gott dafür, dass sie da ist. Die Momente, wenn ich Raha ins Bett bringe, sie mich umarmt und ich sie festhalte und ihr ein paar liebevolle Worte zuflüstere, gehören zu den schönsten des Tages. Am Abend, wenn Raha schon beinahe eingeschlafen ist, betrachte ich sie oft lange. Da tut sie mir manchmal leid, und ich sage mir: «Was kann sie dafür, dass wir in dieser Situation sind?» Raha hat mein Leben komplizierter gemacht, aber ich lebe auch für sie und dank ihr. Vielleicht, so denke ich manchmal, bin ich nur noch am Leben, weil ich sie am Leben erhalten muss. Jahrelang habe ich für mich und meine Freiheit, meine Wünsche gekämpft. Jetzt kämpfe ich auch für Raha, für ihre Zukunft. Und die liegt in Europa. Deshalb versuchten wir auch nach Rahas Geburt die Reise nach Griechenland, nicht einmal, nicht zweimal, sondern dreimal. Zweimal wollten wir per Schlauchboot von Çanakkale nach Griechenland kommen, und einmal versprachen uns die Schlepper, uns per Schiff von Bodrum nach Italien zu bringen. Doch wir schafften es nicht einmal bis zum Ufer. Jedes Mal erwischte uns vorher die Polizei. Sie liessen uns gehen, nachdem wir unterschrieben hatten, dass wir es nicht nochmals probieren würden. Nach dem dritten Versuch gab ich auf. Ich war müde und fürchtete, dass Raha und ich ertrinken würden.

Jetzt leben wir in Istanbul wie Schiffbrüchige. Manchmal sehne ich mich nach Afghanistan. Nicht nach dem Afghanistan von heute, sondern nach dem Land, das es sein könnte: friedlich und von solch atemraubender Schönheit mit seinen schneebedeckten Bergen und grünen Tälern, dass du nicht weisst, wohin du zuerst schauen sollst. Ich sehne mich nach einem Zuhause. Kein Mensch will heimatlos sein. Niemand will im eigenen Versteck vertrocknen. Aber meine Heimat existiert nicht mehr. Alle sind dort Gescheiterte, auch die, welche versprachen, uns die Freiheit zu bringen.

Acht Jahre nach unserem ersten Treffen in Herat, im Juli 2019, reise ich nach Istanbul, um Mina wiederzusehen. Die Luft über der Stadt ist klar und trocken, und die Autobahn, die vom Flughafen in die Stadt führt, ist leer. Ich öffne das Fenster und rieche das Meer. Hinter den Hügeln, die mit Pinien und Olivenbäumen bewachsen sind, geht die Sonne unter. Erinnerungen werden wach. Sie reichen weit zurück: Oliven pflücken im Westjordanland, Barbecues in den Hügeln um Ramallah, Hummus essen auf dem Campus der Universität Birseit, da wo ich einst studiert habe. Dann denke ich an die Strassensperren, die Panzer, den Krieg, schliesslich an die Biografie von Marie Colvin, die ich soeben fertig gelesen habe. Viele ihrer Lebensstationen sind auch meine: Gaza, Beirut, Jerusalem, Sri Lanka, Syrien, Irak, Osttimor. Der amerikanischen Kriegsreporterin ging es nie um die grossen Schachzüge, die Politiker aus sicherer Distanz anordnen. Colvin erzählte die Geschichten der Menschen, die von diesen Schachzügen betroffen sind. Sie tat es jahrzehntelang, weil sie glaubte, dass das Grauen nur so greif- und fühlbar wird. Wenn sie zuhause war, wenn sie in ein Büro, einen Alltag gezwängt werden sollte, dann langweilte sie sich oder wurde eingeholt von den Erinnerungen. Manchmal verlor sie sich in ihnen oder im Alkohol. Colvin riskierte viel. Sie verlor 2001 im Bürgerkrieg in Sri Lanka ein Auge und 2012 in Syrien ihr Leben. Konflikte und Kriege und die darin gefangenen Menschen waren ihre Lebensmotivation und zerstörten sie gleichzeitig seelisch und körperlich. «Jeder zahlt einen Preis», sagte Leon, der amerikanische Soldat, mit dem ich nach Camp Nathan Smith in Kandahar geflogen war. Doch sollten wir uns nicht alle fragen, welchen Preis wir zu zahlen bereit sind, um wirklich zu leben, um lebendig zu sein? Ich bin nach Istanbul gekommen, um Mina zu besuchen, zu hören, wie ihre Geschichte weiterging. Ihre Geschichte zu verstehen und zu erzählen, ist es, was auch mein Leben lebendig macht.

Am Morgen suche ich in einem Vorort von Istanbul die Wohnung von Mina. Ich finde sie in einem Quartier mit Meerblick, in einer Wohnsiedlung, in deren Garten Kinder in einem Pool plantschen und Mütter auf dem Rasen plaudern, während sie ihre Schützlinge aus dem Augenwinkel beobachten. Unweigerlich frage ich mich, wie sich Mina eine Wohnung in einem solch hübschen Quartier leisten kann. Zweifel regen sich in mir. Hat sie mir die Wahrheit erzählt und will, muss sie wirklich weg hier, um sicher zu sein? Dann denke ich, dass ich nicht besser bin als die vielen Kritiker in meinem eigenen Land, die glauben, ein Asylbewerber, der ein Handy besitze, habe kein Anrecht auf Asyl. Sich eine schöne Wohnung leisten zu können, schliesst nicht aus, dass Mina in ihrem eigenen Land nicht sicher ist und auch in der Türkei kein Recht hat zu leben. Mina öffnet lachend die

Tür. Immer noch ist sie wunderschön, doch nun trägt sie das Haar offen. Sie lebt in einer hellen, grossen Wohnung mit ihrer inzwischen viereinhalb Jahre alten Tochter Raha. Alles ist fein säuberlich aufgeräumt, selbst in der Küche steht nichts auf der Ablage. Im Kinderzimmer spielt Raha mit einem pinkfarbenen Plüschdelfin. Wir setzen uns an den Küchentisch. Hat sie je bereut, aus Afghanistan geflohen zu sein?

Meine Entscheidung, Afghanistan zu verlassen, war richtig. Das Land ist in den Jahren seit meiner Flucht zerbröselt wie ein trockenes Stück Nan, das nichts mehr zusammenhält. Sicherheit gibt es nicht mehr, schon gar nicht für uns Frauen. Erst kürzlich wurde eine meiner Verwandten angeschossen, sie war in der Verwaltung von Herat tätig. Ein Freund, der als Ingenieur mit den Amerikanern gearbeitet hatte, wurde von den Taliban gefangengenommen und in Stücke gehackt, die sie in einer Tasche seiner Familie in Herat schickten. Auf einem Zettel stand: «Das passiert mit denen, die mit den Amerikanern zusammenarbeiten.» Seine Familie ist nun geflohen. Auch alle Sängerinnen, die ich kenne, sind nach Europa geflohen oder tot. Hast du von Zahra Elham gehört? Sie ist Afghanin, aber als Kind mit ihren Eltern nach Pakistan geflohen, wo sie in Quetta in einem Flüchtlingslager lebte. Vor einem halben Jahr gewann Zahra bei «Afghan Star». Sie war in vierzehn Jahren die erste Frau, die gesiegt hat. Danach sagte sie in einem Interview, sie werde die Taliban mit ihrer Musik bekämpfen. Ihre Stimme sei wichtig, um anderen Mädchen Mut zu machen. Das erinnerte mich an meine Worte in London, den heiligen Krieg, den ich anführen wollte. Und was geschah nach Zahras Interview? Ein Mullah forderte in einer Videobotschaft, dass sie gesteinigt werde, und ein Taxifahrer versuchte sie zu entführen. Zahra floh zurück nach Pakistan. Frauen, die ausbrechen wollen, ereilt in Afghanistan immer das gleiche Schicksal. Deshalb bereue ich keinen Tag, in dieser Warteschleife namens Flucht festzustecken.

Seit vielen Jahren bin ich nun in Istanbul, und doch fühlt es sich an, als sei ich nur auf der Durchreise. Ein Türke half uns, einen Mietvertrag abzuschliessen, und mein Mann Reza schickt mir jeden Monat Geld, damit ich die Miete bezahlen kann. Ich habe ihn schon sehr lange nicht mehr gesehen. Er kehrte vor zwei Jahren in den Iran zurück, weil seine Mutter schwer krank wurde und operiert werden musste. Seither ist er nicht mehr zurückgekommen. Im Iran kann er einfacher Geld verdienen als hier in Istanbul, wo man uns überall mit Misstrauen begegnet. Oft schaue ich fern, um mich abzulenken: türkische Serien, Youtube, Nachrichten auf afghanischen Kanälen oder Tolo TV. Aber ich bin kein Star mehr, sondern Hausfrau. Wenn ich nicht mehr weiterweiss, putze und schrubbe ich alles blitzblank, bis mich die Müdigkeit übermannt. Täglich spreche ich über Whatsapp oder Viber mit meiner Familie. Sie ist es, die mich durch diese Zeit trägt, denn Freunde habe ich nicht in Istanbul. Die Angst aber ist mir als treue Begleiterin geblieben. Ab und zu schicken mir die Hetzer von Mawlawi Mujibur Rahman Ansari Nachrichten. Sie schreiben, sie wüssten, wo ich wohne, und würden kommen, um mich zu bestrafen, aber noch ist nichts passiert. Auch die Familie von Mustafa lässt mich nicht in Ruhe. Sie sagen, ich sei eine Kriminelle, weil ich ohne ihre Erlaubnis jemand anderen geheiratet habe. Manchmal rufen sie mich an und bedrohen mich. Sie haben auch einen aus der Familie, der in Schmuggel und bewaffnete Konflikte in Herat verwickelt war, in die Türkei geschickt, um nach mir zu suchen. Bekannte haben mir gesagt, er habe nach meiner Adresse und meinem Wohnort gesucht und sei immer noch in Istanbul. Auch deshalb verlasse ich die Wohnung nicht, wenn ich nicht unbedingt muss.

Während ich immer noch hier in Istanbul feststecke, hat es meine ganze Familie geschafft. Alle suchten sich einen eigenen Weg in die Freiheit. Javad gelangte per Schlauchboot nach Griechenland und legte unendlich viele Kilometer zu Fuss zurück, bis er in Deutschland ankam. Jafar und seine Familie erreichten Griechenland in einem Schiff und kamen dann Schritt für Schritt weiter. Sie sind heute alle in Deutschland, wo Jafar als Schreiner arbeitet und Javad Hilfe vom Staat bekommt. Beide sind sehr glücklich in Deutschland und gehen jeden Sonntag zum Gottesdienst. Jafar kann sogar in der Kirche mithelfen. Auch meine Schwester Shahla ist nun in Deutschland. Sie hat ihren Mann verlassen. Zweimal reiste sie mit ihrem Sohn nach Dubai, weil sie hoffte, von dort den Sprung nach Europa zu schaffen. Beide Male scheiterte sie. Am Ende zahlte sie einem Schlepper 42 000 US-Dollar – das war ihr ganzes Erspartes, ihr Gold und der Erlös aus dem Verkauf von Land. Mit dem Geld besorgte der Schlepper ihr und ihrem Sohn die nötigen Papiere, und sie flogen über Tadschikistan direkt nach Deutschland. Ich wünschte, ich hätte genau das von allem Anfang an getan. Damals hätte ich das Geld noch gehabt. Meine Schwester Zahra, die als 12-Jährige verheiratet wurde, lebt heute auch in Deutschland. Nach zwanzig Jahren Ehe hielt sie es nicht mehr aus, nahm ihre 13-jährige Tochter und floh mit Schleppern nach Deutschland, wo ihre beiden Söhne bereits lebten. Auch meine leibliche Mutter wagte die gefährliche Flucht übers Mittelmeer und ist jetzt in Deutschland. Sie wollte lieber sterben, als von ihren Kindern getrennt zu leben. Mein Vater und Fateme sind ebenfalls geflohen und leben mit ihren zwei Söhnen in Griechenland. Nach siebzehn Jahren Ehe wurde Fateme endlich schwanger.

Ich aber bin immer noch hier. Meine Tochter Raha hält mich am Leben, ihre Zukunft, und doch fühle ich mich irgendwie tot. Als sei etwas in mir abgestorben, leblos, dahintreibend, in dieser Stadt festgeklemmt. Ich kann nicht hierbleiben, aber ich kann auch nicht vorwärts oder zurück. In dieser Stadt existiere ich offiziell nicht und bekomme deshalb keine Hilfe. Falls mein Mann irgendwann kein Geld mehr schicken würde, wüsste ich nicht, was tun. Raha wird hier nie in einen Kindergarten oder in die Schule gehen können. Wir führen ein Schattendasein, Raha und ich, zusammen in dieser hellen Wohnung. Es ist ein Gefängnisleben mit offener Tür, und jeden Tag müssen wir unsere Abschiebung befürchten. Doch ich kann nicht mehr nach Afghanistan zurück, in dieses Land ohne Zukunft.

## Zu Besuch bei Djamal

2. Juli 2020, Olten. Schweizer Verkehrsknotenpunkt. Hier bleibt man nicht. Hier steigt man um, sagt man. Ist es nicht symbolisch, dass hier einer angesiedelt wird, der bereits entwurzelt ist? Oder müsste man sagen: aufs Abstellgleis geschoben? Minas Bruder Djamal lebt in einer Blockwohnung direkt an den Gleisen. Sein Sohn Daniel ist elf und spricht Hochdeutsch vermischt mit Aargauer Dialekt. Die Familie ist ein paar Stockwerke höher hinauf gezogen, wegen eines Wasserrohrbruchs in der unteren Wohnung. «Nicht sauberes Wasser, sondern Scheisswasser war das. Kacke schwamm überall in der Wohnung. Alles war kaputt, alles schmutzig», sagt Djamal, und ich kann seinen Abscheu gegen Dreck und die Zerstörung förmlich spüren, als ob es um mehr ginge als bloss einen Wasserrohrbruch. Aber vielleicht ist das auch nur eine Überinterpretation von jemandem wie mir: immer auf der Suche nach der Geschichte hinter der Geschichte, dem Nichtgesagten.

Im Wohnzimmer steht ein grosser Flachbildschirm. An der Wand hängen ein altes Gewehr und ein Teppich mit eingewobenen Koranversen. Nektarinen und Orangen liegen in einer Schale. Eine Orchidee steht in einer Vase, eine echte Orchidee, nicht so eine Stoff- und Plastikblume, wie sie überall in Afghanistan in den Wohnzimmern Staub fangen. Azieh, Djamals Frau, bringt eine Flasche Cola aus der Küche. Sie trägt rote Trainerhosen, Goldringe am Arm und eine Basketballmütze auf dem Kopf. Später nimmt sie diese ab und zeigt mir ihren Kopf. Seit dem Wasserrohrbruch sind ihr die Haare büschelweise ausgefallen und haben lichte Stellen hinterlassen. «Der Stress, der Stress, immer denken, immer weinen, und dann Migräne», sagt sie, und schon beginnt zu bröckeln, was sich Djamal und seine Geschwister so sehr erhofft haben: Europa, der Ort der Sorgenfreien. Djamal war ständig krank seit seiner Ankunft in der Schweiz. Er musste operiert werden. Darmriss. «Wenn ein Mensch einmal richtig kaputt ist, dann ist es schwierig, wieder gesund zu werden», sagt er. Dasselbe könnte man wohl von einem Land, seiner Heimat, sagen.

Nur etwas gibt Djamals Familie ein Gefühl von Sicherheit: der B-Ausweis. Zumindest als Flüchtlinge sind sie anerkannt. Nicht jeden Tag damit rechnen zu müssen, abgeschoben zu werden, sei eine grosse Erleichterung. Aber die grosse Freiheit, das grosse Glück sind ausgeblieben, nicht nur bei Djamal, auch bei seinen Geschwistern, obwohl Mina immer noch das Gegenteil glauben möchte. Javad, der zum Christentum übergetreten ist, wurde zuerst in einem Asylantenheim in Deutschland untergebracht. «Keine gute Zeit», sagt Djamal. «Andere Afghanen haben Javads Kreuz und seine Jesusbilder zerstört. Danach verbrannte Javad ihren Koran. Sie haben ihn fast umgebracht.» Später habe Javad in einer Metzgerei gearbeitet, sei depressiv geworden und habe sich mit einer Überdosis Tabletten umzubringen versucht. «Jemand fand ihn im Garten. Ich fuhr sofort hin.» Javad habe bloss gesagt: «Unsere Familie ist kaputt und lebt verteilt über viele Länder. Ich will nicht in dieser Welt sein. Sie hat mir nichts mehr zu bieten.» Nun lebt Javad in der Nähe von Jafar und Shahla, um zumindest ein bisschen Heimat um sich zu wissen. Arbeit hat er keine mehr gefunden.

Djamal selbst arbeitet wieder Teilzeit als Pizzakurier. Manchmal denke er daran, wie er in Afghanistan als Schauspieler bewundert und wahrgenommen wurde. Und jetzt also Pizzakurier. Ein namenloser Dienstleister, sogleich vergessen, wenn die Pizza abgeliefert ist. Und dann sagt er, was er mir schon oft gesagt hat und was ihm selbst als eine Art Rettungsanker zu dienen scheint: «Zumindest ist es sicher hier. Sicherheit ist ein nicht zu unterschätzendes Gut.»

Wir sitzen auf dem Sofa, den Laptop aufgeklappt, daneben zwei Mobiltelefone aufgestellt. Über Skype schalten sich Mina aus Istanbul, Shahla aus Deutschland und der Vater aus Griechenland zu. Ein virtuelles Familientreffen. Vereint versuchen wir Fragen zu klären, die ungenauen Jahreszahlen, Fluchtmomente zu rekonstruieren, damit ich Minas Geschichte erzählen kann. Alle sprechen wild durcheinander. Mina zieht Raha vor den Bildschirm und sagt: «Wenn ich viel Geld habe, werde ich einen türkischen Ausweis kaufen und nach Europa fliegen. Wenn nicht, werde ich mit dem Boot kommen.» 6500 Euro kostet die Reise von der Türkei nach Italien jetzt. Aber im Moment hat sie kein Geld. Mina verabschiedet sich. Die Leitungen nach Deutschland und Griechenland werden unterbrochen. Jetzt weint Djamal. Dann sagt er tonlos: «Was für ein Leben – ist das ein Leben?»

Bei meinem Besuch in Istanbul hat mir Mina erzählt, ihr Mann Reza habe gesagt, wenn er zurückkomme, würden sie es wieder versuchen, dann würden sie endlich mit dem Boot in die Freiheit fahren. «Nein, wir haben nicht aufgehört zu träumen. Irgendwann werde ich wieder auf der grossen Bühne spielen, werde wieder arbeiten und singen, so wie Googoosh. Meine Tochter wird zur Schule gehen, vielleicht studieren. Sie wird tun und lassen, was sie will, und nicht kämpfen müssen wie ich. Noch bin ich jung, noch darf ich träumen, noch kann ich singen.»

### Die Kriegsbilanz

Im Februar 2020 unterzeichnen die USA mit der Taliban-Führung in Katar ein Friedensabkommen. Bis zum 11. September 2021 wollen sie ihre letzten Soldaten abziehen – zwanzig Jahre nach dem Angriff auf die Twin Towers in New York, nach zwanzig Jahren Kriegseinsatz, dem längsten in der Geschichte der USA.

Die Bilanz des internationalen Einsatzes in Afghanistan ist erschütternd, die Kosten sind gigantisch hoch, die menschlichen und die wirtschaftlichen. Laut einer Studie von Linda Bilmes von der Harvard Kennedy School und Recherchen des Brown University Costs of War Project sterben in den zwanzig Kriegsjahren mehr als 46 000 afghanische Zivilisten, beinahe 53 000 Taliban und andere Aufständische, mehr als 69 000 Mitglieder afghanischer Sicherheitskräfte, 74 Journalistinnen und Journalisten, 446 Mitarbeiter von NGOs und Hilfswerken, mehr als 2300 US-Soldaten, beinahe 4000 US-Auftragsnehmer, 1144 Alliierte, darunter auch Mitglieder der anderen NATO-Staaten. Für die meisten zivilen Opfer sind die Taliban und andere militante Gruppierungen verantwortlich, aber auch die nationalen und internationalen Truppen haben Tausende von Zivilisten auf dem Gewissen. Doch auch wenn der Krieg offiziell zu Ende ist, für viele geht er weiter. Schätzungsweise mehr als 30 000 US-Veteranen, die im Irak und in Afghanistan im Krieg gegen den Terror gekämpft hatten, begingen nach ihrem Einsatz Selbstmord, schreibt Thomas Howard Suitt von der Boston University in seiner Studie über die Selbstmordrate von US-Kriegsveteranen. Das sind viel mehr Soldaten, als im direkten Kriegseinsatz umgekommen sind. Im ersten Halbjahr 2021 flohen in Afghanistan laut Schätzungen des UNHCR mehr als eine halbe Million Afghanen und Afghaninnen aus ihren Häusern und Dörfern vor den Kämpfen zwischen den Taliban und den Regierungstruppen. Mehr als vier Millionen Menschen leben nun als Vertriebene im eigenen Land in Lagern und provisorischen Unterkünften.

Auch die Bilanz der zig Milliarden US-Dollar, die mehrheitlich von den Amerikanern im Land ausgegeben worden sind, ist deprimierend. Der Krieg in Afghanistan hat die USA laut dem Costs of War Project von 2001 bis 2021 über zwei Billionen US-Dollar gekostet. Es war ein Krieg, der auf Pump geführt wurde, Generationen von Amerikanerinnen und Amerikanern, die am 11. September 2001 noch nicht einmal auf der Welt waren, werden dafür bezahlen müssen. Dabei kam ein Grossteil des Geldes gar nicht an, sondern wurde verschwendet oder versickerte in den korrupten Strukturen. Zu diesem Schluss kam John F. Sopko, der Leiter des Aufsichtsgremiums des US-Senats für die Hilfe in Afghanistan, bereits im Mai 2018 in einem Bericht. So sei beispielsweise eine halbe Milliarde US-Dollar ausgegeben worden, um gebrauchte Flugzeuge zu kaufen, die nicht hätten verwendet werden können. Schulen und Kliniken seien oft unfertig geblieben oder mit schlechtem Material gebaut worden. Milliarden von US-Dollar Hilfsgeldern seien «spurlos verschwunden». Zwar besuchen vor dem Abzug der internationalen Truppen mehr Frauen eine Hochschule als je zuvor, trotzdem ist die Qualität der Bildung schlecht. Im Gesundheitssektor sieht es ähnlich aus: Es wurden viele neue Spitäler gebaut, und die Sterblichkeitsrate ist deutlich gesunken, doch für grosse Teile der Bevölkerung in ländlichen Gebieten bleiben diese wegen der prekären Sicherheitslage meist unerreichbar.

Auch nach dem Friedensabkommen zwischen den USA und der Taliban-Führung in Katar hört die Gewalt nicht auf. Im Gegenteil. Seit der Ankündigung, dass die letzten ausländischen Soldaten das Land bis September 2021 verlassen werden, führen die Taliban ihren Eroberungsfeldzug in ungekannter Geschwindigkeit und mit grosser Brutalität fort. Im ersten Halbjahr 2021 sterben laut UNO 1659 Zivilisten bei Kämpfen zwischen Regierungstruppen und Taliban, das sind viel mehr als im Jahr zuvor. Anfang August 2021 ist bereits mehr als die Hälfte des Landes in der Hand der Taliban. Diese sind ungebremst auf dem Vormarsch.

# Epilog

Mitte Juli 2021 versucht Mina mit ihrer Tochter und ihrem Mann erneut aus der Türkei zu fliehen. Sie ist im dritten Monat schwanger. Die Familie verkauft ihr gesamtes Mobiliar und den letzten Goldschmuck, um einen Schlepper zu bezahlen. Mit einer Gruppe von dreissig Flüchtlingen will sie ein Boot bei Ortaca besteigen, das sie nach Italien bringen soll. Doch der Schlepper verirrt sich, die Gruppe wird von der türkischen Grenzpolizei aufgegriffen und ins Abschiebungszentrum von Mugla gebracht. Vierzehn Flüchtlinge werden sofort nach Afghanistan abgeschoben. Mina aber behauptet, sie komme aus Syrien, und nennt einen falschen Namen. Nach drei Tagen werden sie, ihr Mann und ihre Tochter freigelassen und kehren nach Istanbul in die leere Wohnung zurück. Zur selben Zeit rücken die Taliban auf wichtige afghanische Städte vor. Bereits haben sie Herat eingenommen, Minas Heimatstadt. Mawlawi Mujibur Rahman Ansari wird dort von den Taliban zu einem ihrer wichtigsten Repräsentanten ernannt. Er, der Mina bereits vor Jahren direkt bedroht hat, Musik und Konzerte verbietet und verlangt, dass Dieben die Hände abgehackt und Ehebrecher gesteinigt werden; er, der die Corona-Pandemie als Gottesstrafe für Nichtmuslime bezeichnet und im vergangenen Jahr Plakate in der Stadt aufstellen liess, auf denen zu lesen war, dass ein Mann, dessen Frau sich nicht vollständig bedecke, ein Feigling sei. Er ist jetzt an der Macht.

Mina wendet sich an ihren Bruder Djamal und fleht ihn um Hilfe an. Sie hat Todesangst, verhaftet und nach Afghanistan abgeschoben zu werden. Djamal wendet sich an mich, und ich wende mich ans Schweizer Generalkonsulat in Istanbul. Eine Mitarbeiterin rät uns, dass Mina einen Antrag auf ein «humanitäres Visum» stellen solle. Dies ist ein Ausnahmevisum, das eine Schweizer Auslandsvertretung im Einzelfall gewähren kann, wenn die Person «unmittelbar, ernsthaft und konkret» an Leib und Leben bedroht ist. Gemeinsam tragen wir die nötigen Dokumente zusammen, lassen Übersetzungen anfertigen und klären über Gruppen-Chats zwischen der Türkei, Deutschland, der Schweiz und Thailand, wo ich mich zu der Zeit aufhalte, die letzten Details und Ereignisse in Minas Leben. Spätestens als ich ihre Geschichte detailliert für den Visumsantrag aufschreibe, wird mir klar, weshalb wahrscheinlich wenige Flüchtlinge diesen Weg gehen und einen Antrag für ein humanitäres Visum stellen. Denn welcher Flüchtling spricht schon eine der drei Schweizer Landessprachen, in der alle Dokumente verfasst sein müssen, und wie soll jemand, der auf der Flucht ist, auch noch einen Weg durch diesen bürokratischen Dschungel finden, wenn schon ich mehrere Tage brauche, um mich darin zurechtzufinden? Geld an Schlepper zu zahlen ist da die einfachere und schnellere Lösung, wenn auch teuer und gefährlich.

Während wir mit dem Visumsantrag für Mina und ihre Familie beschäftigt sind, spielt sich in Afghanistan Dramatisches ab. Die Taliban stehen kurz vor Kabul. Am 15. August marschieren sie in den leeren Präsidentenpalast in der Hauptstadt ein. «Der Krieg in Afghanistan ist vorbei», verkündet ein Taliban-Sprecher, während sich bärtige Männer mit Kalaschnikows um den gewaltigen Holztisch scharen, an dem noch kurz zuvor Präsident Ashraf Ghani gesessen hat. Der Präsident hat sich per Helikopter ins Ausland abgesetzt und sein Land und seine Leute ihrem Schicksal überlassen.

Verängstigte und verzweifelte Menschen strömen zu Tausenden zum Flughafen, zum einzigen Ort, der noch von internationalen Truppen gesichert wird, wo sie auf einem der Evakuierungsflüge Platz zu finden hoffen. Am 16. August, einen Tag nach der Machtübernahme der Taliban, schockiert ein verwackeltes Handyvideo die Welt: Eine US-Militärmaschine hebt vom Flughafen in Kabul ab, ein paar Sekunden später flimmern dunkle Flecken über das Bild zu Boden. Eine Szene, die an jene vor zwanzig Jahren erinnert, als Menschen aus dem World Trade Center sprangen, weil sie den Tod durch Fallen jenem durch Verbrennen vorzogen. Die zwei Punkte über dem Flughafen von Kabul sind zwei Männer, die sich an das Fahrgestell geklammert haben und nun in den Tod stürzen: der 24-jährige Zahnarzt Fida Mohammad, der ein Jahr zuvor geheiratet hat, und der 17-jährige Zaki Anwari, ein vielversprechendes Talent im nationalen Jugendfussballteam. Der Akt dieser jungen Afghanen verdeutlicht die Verzweiflung einer ganzen Generation. Sie haben den Versprechen des Westens, Stabilität und demokratische Strukturen in ihrem Land zu schaffen, vertraut. Sie haben geglaubt, dass ihre Zukunft besser sein würde als die ihrer Eltern. Nun fühlen sich viele betrogen und von der Welt verlassen.

Auch Mina hat keine Hoffnung mehr, je in ihr Land zurückkehren zu können. Am 25. August reicht sie ihren Antrag für ein humanitäres Visum beim Schweizer Generalkonsulat in Istanbul ein. Fünf Tage später hebt die letzte amerikanische Militärmaschine von Kabul ab.

Anfang Dezember 2021 wartet Mina mit ihrem Mann Reza und Tochter Raha noch immer in ihrer leeren Wohnung auf eine Antwort aus der Schweiz. Manchmal mache sie das lange Warten wütend, manchmal traurig, oft weine sie, sagt sie am Telefon. Und doch hoffen sie und wir alle immer noch, dass ihr die Schweiz eine Chance, ein neues Leben schenken wird. Mina ist nun hochschwanger, sagt, dass sie anfänglich daran gedacht habe, das Kind abzutreiben, da sie ihm ja sowieso nichts zu bieten habe. Da sie keine Papiere hat, kann sie sich nicht in einem Regierungsspital gratis untersuchen lassen. Deshalb wartet sie lange zu und leistet sich dann doch eine teure Untersuchung in einer Privatklinik. Auf dem Ultraschallbild sieht sie zum ersten Mal das kleine Wesen in ihrem Bauch. Es ist ein Junge, den Mina Kasra nennt, Kaiser. Nach langer Zeit spürt sie nicht mehr nur Angst und Trauer, sondern auch Freude.

Anfang Dezember schreibe ich ans Staatssekretariat für Migration, SEM, um mich zu erkundigen, wann Mina einen Entscheid erwarten kann. Hochschwanger, wie sie ist, wird sie bald nicht mehr reisen können. Ich frage auch nach, wie viele Anträge auf ein humanitäres Visum in diesem Jahr und seit der Machtübernahme der Taliban Mitte August von Afghaninnen und Afghanen gestellt worden seien. Ein Pressesprecher des SEM antwortet mir wenige Tage später. Aus Gründen des Daten- und Persönlichkeitsschutzes könne das SEM Drittpersonen keine Auskünfte zu Visumsverfahren erteilen. Das SEM führe auch keine Statistik über die Zahl der humanitären Visumsanträge, die bei Schweizer Vertretungen gestellt würden. Seit Mitte August seien jedoch bei der Afghanistan-Taskforce des SEM über 7000 Anfragen von Afghaninnen und Afghanen eingegangen, 34 von ihnen hätten ein humanitäres Visum für die Schweiz erhalten. 34 von 7000! Als Afghanin oder Afghane im Jahr 2021 ein humanitäres Visum für die Schweiz zu bekommen, ist also ein bisschen einfacher, als Astronaut oder Astronautin bei der US-Weltraumbehörde NASA zu werden, und deutlich schwieriger, als einen Studienplatz an der Eliteuniversität Stanford zu ergattern. So bewarben sich in diesem Jahr bei der NASA 12 000 Personen – 10 wurden ausgewählt. Von 36 251 Studienbewerbern schafften es 1329 nach Stanford. Mein Herz sinkt, meine Hoffnung, dass Mina bald in der Schweiz in Sicherheit sein wird, schwindet.

Einen Tag nachdem die Antwort der Pressestelle des SEM in meinem E-Mail-Eingang eingetroffen ist, erhält Mina in ihrem Posteingang ihren Visumsentscheid: negativ. Mina befinde sich in einem sicheren Drittland und in keiner Notsituation, die eine Intervention der Schweizer Behörden erforderten, deshalb bekomme sie kein humanitäres Visum für die Schweiz, so die Begründung. Wieder telefoniere ich mit Mina. «Dieser Entscheid fühlt sich an wie ein Todesurteil», sagt sie, und ihre Stimme wird brüchig. «Wir haben keine Papiere, keine Identität, mein Kind kann nicht zur Schule. Das Recht, Mensch zu sein, wurde uns genommen. Ist das keine Notsituation?», fragt sie. Mina könne innerhalb von dreissig Tagen Einspruch gegen den Entscheid einlegen, heisst es im Schreiben der Schweizer Behörden – falls sie vorgängig 200 Schweizer Franken Bearbeitungsgebühren zahle. Noch mehr Geld ausgeben, damit sie dann ein zweites Mal abgewiesen werde, fragt Mina bitter. Dieses Geld lege sie lieber zur Seite. Die Bootsfahrt von der Türkei nach Italien mit Schleppern koste zurzeit 7000 bis 8000 Euro pro Person. Für Kinder im Alter von Raha würden die Schlepper einen Drittel verrechnen, Neugeborene seien gratis. Rezas Vater habe noch ein bisschen Land, das er verkaufen könne, ihre Geschwister würden beisteuern, was sie könnten, sagt Mina. Jetzt, da sie die Schweiz nicht wolle, gebe es nur noch einen Ausweg: «Wenn wir das Geld zusammenkriegen, dann fahren wir per Boot noch vor der Geburt meines Sohnes nach Europa, falls nicht, dann eben wenn Kasra auf der Welt ist. Meine Zukunft ist verloren, aber meinen Kindern will ich sie nicht zerstören. Ihre Träume sollen wahr werden.»

# Die Rückkehr der Taliban
Nachwort von Andreas Babst

Am 15. August 2021 marschieren die Taliban in die afghanische Hauptstadt Kabul ein. Es ist das Ende eines Staates, der längst ausgehöhlt ist. Präsident Ashraf Ghani flieht kurz vor dem Einmarsch aus der Stadt, aus dem Land und überlässt die Menschen sich selbst und den Taliban. Mit Kabul fällt der letzte Fleck Afghanistan, der noch von der afghanischen Regierung kontrolliert wurde. Doch das ist nur für jene eine Überraschung, die geglaubt haben, die amerikanische Intervention in Afghanistan sei eine nachhaltige, dass irgendetwas zurückbleiben werde nach zwanzig Jahren Krieg – Werte, Institutionen, Ideen. Doch alles zerbröselt innert kurzer Zeit. Der Fall Kabuls entlarvt die afghanische Regierung, eine kleptokratische Elite. Korruption hat das politische System und die Institutionen zerfressen, so dass Afghanen und Afghaninnen von ihrem Staat selbst einfachste Dienstleistungen nicht mehr erwarten konnten, ohne Bestechungsgeld zu zahlen.

Die Machtübernahme der Taliban sagt viel aus über die westliche Intervention in Afghanistan. Unmengen an Geld wurden seit 2001 nach Afghanistan transferiert, doch vieles davon versickerte, kam nie an oder wurde in unnütze Projekte gesteckt: Es wurden Schulen für Mädchen gebaut, die nie ein Mädchen von innen sah, Trainingszentren für Polizistinnen, die nur Polizisten nutzten. Milliarden flossen an Sicherheitskräfte, die den Taliban am Schluss kaum mehr Widerstand leisteten. Die Geberstaaten schauten weg, obwohl man in den alten Berichten der amerikanischen Aufsichtsbehörde

SIGAR längst lesen konnte, wie hoch die Rechnungen und wie klein der Effekt vieler Aufbauprojekte war. 2019 schrieb der Journalist Craig Whitlock in den «Afghanistan Papers» in der «Washington Post», wie ziel- und sinnlos selbst amerikanische Generäle den Afghanistan-Einsatz bewerteten.

## Das Jahr, das Afghanistan veränderte

2021 sollte das Jahr werden, das in Afghanistan alles verändert. Im April kündet der amerikanische Präsident Joe Biden an, dass er am Truppenabzug festhalten werde – sein Vorgänger Donald Trump hat den Plan eines hastigen Abzuges entworfen.

Kurz zuvor, im März 2021, steige ich zum ersten Mal in ein Flugzeug nach Afghanistan. Seit wenigen Monaten bin ich Südasien-Korrespondent der «Neuen Zürcher Zeitung» in Neu-Delhi. Als 2001 in diesem mir fremden Land ein Krieg begann, war ich elf Jahre alt. Damals hörte ich zum ersten Mal von Afghanistan. In den vergangenen zwanzig Jahren habe ich immer wieder von diesem kriegsgeplagten Land, von grausamen Taliban, toten amerikanischen Soldaten gelesen. Afghanistan ist für mich zu einem Nachrichtenklumpen aus Gewalt und Krieg zusammengeschmolzen.

Zwischen den Gepäckwagen vor dem Check-in in Neu-Delhi wartet ein Mädchen. Es umklammert einen riesigen, roten Plüschbären. Ich denke mir, dass es in einem Land, in das ein so grosser, roter Plüschbär mitfliegt, nicht nur Krieg gibt, sondern auch Trost.

## Alltag im Krieg

Das Kabul, das ich im Frühling 2021 kennenlerne, ist voller Stacheldraht und warmem Brot. Es herrscht Krieg, auch wenn man ihn nicht immer sieht. Schnell lerne ich: Auch im Kriegsgebiet gibt es Bäcker, Schulkinder und zwischen all dem Stacheldraht Menschen, die einfach nur ihren Alltag bestreiten wollen. Ich arbeite an einer Geschichte über die Teppiche Afghanistans. Ihre Farben, ihre Muster, daran lässt sich die Geschichte eines versehrten Landes nacherzählen, der Menschen, die immer wieder fliehen mussten – kehrten sie nach Hause zurück, brachten sie neue Farben mit. Auch die Teppichmuster hat der Krieg verformt: Einst zeigten sie Alltagsszenen, dann tauchten Panzer und Helikopter auf, heute sind es Drohnen.

Ich besuche in diesen Tagen in Kabul viele Teppichhändler. Einer hat eine «Zeitmaschine». Aziz u-Rahman macht neue Teppiche zu alten. Er wirft sie in Säurebäder, danach bearbeitet einer seiner Arbeiter sie mit dem Flammenwerfer. Es ist, als könnte er in seinem Hinterhof die Zeit einfach zurückdrehen – bevor alles begonnen hat, bevor Afghanistan im Krieg versunken ist. Die Gespräche mit Aziz sind voller Nostalgie und Sehnsucht. Er erzählt mir von einer Zeit, als die Männer in Afghanistan als alte Männer gestorben sind, nicht als junge.

Wir sprechen über die Taliban. Aziz ist ihnen immer wieder begegnet, denn er hat nicht nur eine Zeitmaschine, er jagt auch alte Teppiche, die er für viel Geld an Käufer im Westen verkauft. Wenn er von einem besonders wertvollen hört, reist er ins Dorf der Besitzer, kauft das Schmuckstück und schmuggelt es auf Eseln oder dem Motorrad an den Taliban vorbei – im Frühling

2021 kontrollieren die Aufständischen schon weite Teile Afghanistans. Es sind Abenteuergeschichten, und wenn Aziz erzählt, wirkt er wie ein Schatzsucher, der von einem fernen Land berichtet. Aber das Taliban-Land ist nicht fern, die Aufständischen warten bereits vor Kabul, führen offiziell Friedensgespräche mit der afghanischen Regierung, aber lauern doch nur, bis die Amerikaner das Land endgültig verlassen haben.

### Reisen auf gefährlichen Strassen

Es ist schwierig und gefährlich, als Journalist durchs Land zu reisen. Die Strassen sind voller Taliban-Checkpoints, einen Westler würden sie entführen oder gar töten. Es gibt Zeitfenster, in denen man sich relativ sicher auf den Strassen bewegen kann, weil die Patrouillen der Armee unterwegs sind. Aber als mein Fotograf und ich einige Tage nach dem Treffen mit Aziz in den Süden fahren, attackieren die Taliban einige Strassenkilometer entfernt ein afghanisches Armeefahrzug. Wir fahren vorbei, es ist ruhig, dann ein Schuss von irgendwo, ein Scharfschütze hat in die Hügel gezielt, wo er die Taliban vermutet.

Ich kenne das Geräusch von Schüssen von Schweizer Schiessständen. Aber es ist viel gespenstischer, wenn nur ein einziger abgefeuert wird. Wenn er verhallt und eine Ruhe folgt, als warte der Schuss auf Antwort. Ich bin angespannt. Im Autoradio läuft ein Mix, den der Sohn des Fahrers zusammengestellt hat, irgendein Beat-Amalgam. Mich beruhigt die Absurdität der Situation.

Wir fahren nach Logar, einer Provinz im Süden Kabuls. Der dortige Gouverneur zeigt stolz die Befestigungen, die seine Soldaten rund um die Provinzhauptstadt

Pol-e Alam aufgebaut haben. Er blickt wichtigtuerisch ins Niemandsland, zeigt in die Ferne, dort gebe es noch weitere Wachposten zu bauen. Dann braust er zur nächsten Befestigung. Einmal pro Woche besucht er seine Truppen, um ihre Moral zu stärken, fährt im weissen Offroader in einem Konvoi von gepanzerten Fahrzeugen. Der Gouverneur trägt auch im Auto eine Pilotenbrille, zwischen den Beinen eingeklemmt ist ein Sturmgewehr. Das soll wahrscheinlich Wehrhaftigkeit ausstrahlen – sogar der höchste Beamte ist bewaffnet. Mein Fotograf weiss über Waffen besser Bescheid als ich. Er sagt, das Gewehr sei schon lange nicht mehr abgefeuert worden.

Wie es tatsächlich um die Wehrhaftigkeit der afghanischen Regierung steht, zeigt sich ein paar Kilometer weiter in der grossen Militärbasis ausserhalb von Pol-e Alam. Einst war Camp Maiwand eine der grössten NATO-Basen in Afghanistan. Nun sind die letzten Amerikaner aus Logar abgezogen. Bereits im Frühling 2021 befinden sich nur noch einige tausend amerikanische Soldaten im Land. In Camp Maiwand lässt sich beobachten, was sie zurücklassen werden, wenn sie Wochen später Afghanistan endgültig verlassen: frustrierte afghanische Soldaten, die sich im Stich gelassen fühlen, eine Basis, viel zu gross, um sie zu verteidigen, mit einer maroden Infrastruktur, weil die Amerikaner fast alles wertvolle und brauchbare mitgenommen haben.

Wenige Monate später, kurz bevor Kabul fällt, überrennen die Taliban Pol-e Alam und nehmen den Gouverneur gefangen. Die Sicherheitskräfte haben keine Chance.

In diesem Frühling 2021 warten die Taliban vor Kabul, sie sind so nah, und jeder geht mit ihrer Nähe anders um. Einige freuen sich, dass sie vielleicht bald kommen werden. Andere verdrängen ihre Anwesenheit, leben weiter, trinken Alkohol, gehen zur Uni. Wieder andere denken darüber nach, wie man sich arrangieren könnte – so trifft sich der Chef eines grossen Fernsehsenders schon früh zu Gesprächen mit den Taliban. Sie versichern ihm, er könne weitersenden, wenn sie die Macht übernähmen. Der Teppichhändler Aziz hofft einfach, dass der Krieg bald vorbei ist. «Es wäre sehr gut für unsere Geschäfte, wenn der Frieden kommt, inschalla, so Gott will. Aber ich glaube nicht, dass er kommt.»

Nach zwei Wochen fliege ich mit dem Gefühl zurück nach Neu-Delhi, dass ich bald wiederkommen will. Ich bin sicher, dass Kabul den Taliban noch lange widerstehen wird, ich möchte die Menschen dieser Stadt weiter begleiten – ich glaube, Kabul wird bald eine Insel sein, die letzte Stadt, die sich wehrt, wahrscheinlich wird sie monatelang nicht fallen. Ich sollte mich irren, wie so viele. Am Morgen des 15. August fülle ich einen Visumsantrag für Afghanistan aus. Die Taliban haben die letzten Provinzhauptstädte Afghanistans eingenommen, aber ich glaube noch immer, dass Kabul nicht fallen wird. Am Abend gibt es keinen Staat mehr, der mir ein Visum hätte ausstellen können.

## Das neue Afghanistan

Knapp vier Wochen später reise ich doch erneut nach Afghanistan, am 12. September, am Tag nachdem sich die Anschläge auf das World Trade Center zum zwanzigsten Mal jähren. Kabul ist bereits gefallen, das Land ist nun in den Händen der Taliban. Es ist nach wie vor schwierig, in Neu-Delhi ein Visum zu bekommen – die afghanische

Botschaft bleibt zwar offen, aber sie hat keinen Staat mehr, für den sie arbeitet. Machtkämpfe brechen aus, und mein Visumsantrag bleibt mittendrin stecken. Irgendwann spricht der Botschafter ein Machtwort, ich darf reisen. Ich fahre über Usbekistan nach Afghanistan. Als ich zu Fuss über die afghanische Grenze gehe, muss ich am Zoll erst einmal lange warten. Die Taliban-Grenzbeamten machen eine ausgedehnte Mittagspause. Manche Dinge bleiben auch im neuen Afghanistan beim Alten.

Das neue Afghanistan wirkt friedlich und sicher. Ich kann von der Grenze nach Mazar-e Sharif fahren, mein Übersetzer holt mich ab, von dort erkunden wir die Provinzen Kunduz und Jowzjan. Ich bin mit meinem Übersetzer selbst in der Nacht auf diesen Strassen unterwegs, die Wochen zuvor noch lebensgefährlich gewesen wären. Kommen wir an einen Checkpoint, werden wir von meistens gelangweilten, manchmal freundlichen, selten einmal strengen Taliban durchgewinkt. In Afghanistan sterben nicht mehr täglich Menschen bei Anschlägen und Schusswechseln. Es gibt Attacken des Islamischen Staats, schreckliche Attentate, aber das tägliche Töten ist vorbei.

Die Taliban haben den Afghanen Sicherheit gebracht, das ist einer der vielen Widersprüche, die wir aushalten müssen, wenn wir heute über Afghanistan sprechen. Aber haben die Taliban auch Frieden gebracht? Frieden heisst überdies, frei entscheiden zu können, wie man sein Leben gestalten will. Das ist vorbei. In meinem Hotel in Mazar-e Sharif lebt eine Flüchtlingsfamilie. Sie kommt aus Kabul und wartet, bis sie ausreisen kann. Die Tochter spricht gut Englisch. Sie hat ein Stipendium bekommen, um in Indien zu studieren. Das ist nicht mehr möglich, Indien hat das Visum zurückgezogen. Die Familie will nun in ein anderes Land, damit die Töchter weiter selbstbestimmt leben können. Ihre Gitarre hat die junge Frau in Kabul zurückgelassen. Sie wollte nicht riskieren, dass die Taliban sie im Gepäck finden. Die junge Frau kennt die Geschichten des ersten Taliban-Regimes – sie fürchtete drakonische Strafen.

## Drakonische Strafen

Als die Taliban 1996 zum ersten Mal in Afghanistan die Macht übernahmen, unterwarfen sie die Frauen in den urbanen Zentren einem islamistischen Regime, das sie sich nicht gewohnt waren: Sie mussten Burkas tragen, durften sich nicht mehr bilden, Musik war für alle verboten. Verfehlungen bestraften die Taliban mit Schlägen und Steinigungen. Noch ist unklar, wie sie sich diesmal verhalten. Zumindest gehen Mädchen derzeit zur Schule, nicht alle allerdings, es gibt starke regionale Unterschiede. Die Taliban versichern, Bildung für Mädchen zu ermöglichen, doch getrennt von den Buben und Männern. Es ist unwahrscheinlich, dass Afghanistan genug Lehrerinnen hat für eine solche Bildungsstruktur. Das würde bedeuten, dass vielen Mädchen der Schulbesuch doch verwehrt bleibt.

Die eingeschränkten Rechte von Mädchen und Frauen standen bereits in den 1990er Jahren im Zentrum der westlichen Kritik. Auch diesmal wird es nicht anderes sein, die Taliban wissen das. Es ist das dominante Thema in der Berichterstattung über Afghanistan. Das hat seine Richtigkeit, einerseits. Auch dieses Buch handelt von einer mutigen Frau, es ist wichtig, ihre Geschichte zu erzählen.

Anderseits hat es sich der Westen in den vergangenen zwei Jahrzehnten oft zu einfach gemacht. Er hat die Taliban wegen ihres Umgangs mit den Frauen dämonisiert statt versucht, ihre Beweggründe zu erforschen oder sie gar zu verstehen. Es hätte genügend lokale Journalisten und Experten gegeben, die das Land, seine Bevölkerung und die Taliban besser kannten, als dies die Ausländer taten.

## Wiege der Taliban

Einer dieser Journalisten ist mein Freund Fazel, ich treffe ihn im September 2021 in Kabul zu einem Kaffee – fast alle ausländischen Journalisten sind in diesen ersten Tagen nach dem Umsturz in Kabul. Ich aber habe mir vorgenommen, es anders zu machen und das neue Afghanistan an entlegeneren Orten des Landes zu entdecken. Fazel findet die Idee gut und rät mir, in den Süden zu reisen. Er sagt, um die Taliban besser zu verstehen, müsse man in die südliche Provinz Kandahar fahren, eine der konservativsten Gegenden des Landes, dorthin, wo die Taliban ursprünglich herkommen und von wo sie in den neunziger Jahren fast ganz Afghanistan erobert haben.

Kandahar ist wahrscheinlich eine der ältesten Städte der Welt. Alexander der Grosse machte sie zu einer Brücke zwischen Ost und West. Mehrere Könige und Herrscher Afghanistans kamen aus Kandahar. Im 18. Jahrhundert war sie die Hauptstadt des afghanischen Reiches. Die Region ist vor allem von Paschtunen bevölkert, und nicht wenige von ihnen betrachten es als eine Art historisches Recht, Afghanistan zu regieren. Auch die meisten Taliban sind Paschtunen.

Wir besuchen eine Moschee, sie liegt im Zhari-Distrikt, ausserhalb der Stadt Kandahar. Sie ist schmucklos, aus dem Beton ragen Stahlträger heraus, die Männer beten auf staubigen Spannteppichen. Ganz hinten im Gebetsraum steht ein Bücherregal, über dem ein Bettlaken hängt. Ich stehe mit mehreren Männern und vielen Buben in diesem kleinen Raum. Ich sei der erste Westler, der diese Moschee seit Jahrzehnten besuche, sagen sie mir. Die Männer erzählen mir Geschichten von einem Dorf-Imam, der hier einst predigte, sie sprechen von Mullah Omar. Ein alter Mann, die Hände hart und rau von der Arbeit auf dem Feld, sagt, er und Omar hätten einst zusammen gekämpft. Der alte Mann war einer der ersten Taliban. Hier, in dieser staubigen, kleinen Moschee, hat alles begonnen: Hier hat Mullah Omar 1994 die Taliban gegründet.

### Von Kandahar nach Kabul

Die Taliban entstanden als Gruppe von ehemaligen Mudscheheddin, diese afghanischen Freiheitskämpfer wehrten sich in den 1980er Jahren gegen die sowjetische Besatzung ihres Landes. Der Taliban-Gründer Mullah Omar hatte im Kampf gegen die Sowjetunion ein Auge verloren. Die USA unterstützte die Mudscheheddin, die CIA lieferte über Pakistan Waffen, Geld und Wissen, eine Gruppe Mudscheheddin besuchte Ronald Reagan im Weissen Haus. 1989 zog sich die Sowjetunion aus Afghanistan zurück, und auch die USA verloren das Interesse, der Kalte Krieg neigte sich gerade dem Ende zu. Im Machtvakuum brach in Afghanistan ein Bürgerkrieg aus, verschiedene Mudscheheddin-Gruppen bekämpften sich. Die Taliban wollten Ordnung zurück nach Afghanistan bringen, eine islamistische Ordnung. Der alte Mann in der kleinen Moschee sagt, Mullah Omar habe immer gross gedacht: «Er dachte nie nur an dieses Dorf. Er dachte immer an ganz Afghanistan.» 1996, nach einem langen Eroberungsfeldzug durchs ganze Land, marschierten die Taliban in Kabul ein.

In der Gegend um die kleine Moschee sehen wir die Hinterlassenschaft von jahrzehntelangem Krieg. Viele der Lehmhütten sind zerstört, die Felder wurden von Betonsperren zerschnitten, der Weizen wuchert links und rechts davon, niemand wird die Ungetüme je wegräumen. Kaum eine Region Afghanistans hat so unter dem Krieg gelitten wie der Süden. Die Amerikaner wollten die Taliban ausrotten. Die Menschen im Süden spürten die volle Härte dieses Krieges. Fast jeder in diesen Dörfern hat Familienmitglieder verloren, fast jeder hat Familienmitglieder, die sich den Taliban angeschlossen haben. Im Westen wurde lange kaum über den Preis gesprochen, den diese Menschen für den amerikanischen Krieg gegen den Terror zahlten. Unzählige Zivilisten wurden bei Hausdurchsuchungen von NATO- oder Regierungstruppen schikaniert, verletzt oder im schlimmsten Fall ermordet. Drohnenangriffe sollten mit chirurgischer Präzision Terroristen töten, aber tatsächlich löschten sie ganze Familien aus. Zuletzt im August 2021, als bei einem US-Drohnenangriff ein Haus in Kabul angegriffen wurde, in dem ein IS-Terrorist vermutet wurde. Es war ein Irrtum, die Drohne tötete zehn Zivilisten, unter ihnen waren sieben Kinder.

In einem Dorf in der Nähe der Stadt Kandahar treffe ich Mullah Baran. Wir essen zusammen in einem Lehmhaus. Es ist wie alle Häuser in der Gegend von ho-

hen Mauern ummantelt, aber dahinter verbergen sich
Granatäpfel und Gastfreundschaft. Mullah Barans Bruder wurde 2012 von einem amerikanischen Soldaten erschossen. Er hiess Robert Bales und ermordete in einem
Amoklauf sechzehn Dorfbewohner. Er war betrunken
und stand unter dem Einfluss von Schlafmitteln. «Davor
war ich kein Talib. Aber dann war ich gezwungen, mich
dem Dschihad anzuschliessen», sagt Mullah Baran.

### Radikalisiert vom Krieg

Ich frage mich nach diesem Gespräch, ob wir die Geschichte dieses Krieges im Westen nicht falsch erzählt
haben. Ob wir zu lange geblendet waren vom Krieg
gegen den Terror. Die Taliban wollten nach den Anschlägen vom 11. September 2001 den Al-Kaida-Führer
Osama bin Laden nicht an die USA ausliefern, er war ein
Gast und Vertrauter von Mullah Omar. Der damalige
amerikanische Präsident George W. Bush und seine Berater beschlossen, die Taliban zu stürzen, denn diese hätten sich mit Terroristen verbrüdert. Kurz nach Kriegsbe-
ginn entwischte bin Laden nach Pakistan, Afghanistan
aber lag wenig später in Trümmern. Heute scheint das
alles ein viel zu hoher Preis für einen Vergeltungsschlag
gewesen zu sein.

Der Krieg hat viele Menschen in Afghanistan radi-
kalisiert. Für sie sind die Taliban keine Besatzer, keine
Eroberer, sondern Freiheitskämpfer. Die Taliban hatten
ein feines Gespür für dieses Gefühl der Ungerechtigkeit,
das in vielen Afghanen schlummerte. Ein besseres als der
Westen, der diesen Menschen zu lange nicht zuhörte, sie
nicht verstand. Zu sehr vertrauten die westlichen Ent-
scheidungsträger blind der Regierung in Kabul und de-

ren Verbündeten. Selbst als die Afghanen und Afghaninnen längst unter der grassierenden Korruption litten,
als klar war, dass lokale Warlords die amerikanischen
Soldaten gegen lokale Rivalen aufhetzten, um mehr
Macht anzuhäufen, als immer mehr Zivilisten ums Leben kamen.

Die Taliban aber rekrutierten diese Frustrierten gezielt, auch im Norden, der in den 1990er Jahren immer
umkämpft blieb. Ihre Taktik war eine Guerillataktik,
tief verankert in den vielen Dörfern Afghanistans. Die
Taliban sind grossartige Guerillas. Leider sind sie weniger gute Beamte.

## Kalter Entzug im Gefängnis

Im Gefängnis von Kandahar riecht es nach Fäkalien und
Urin, und eigentlich ist es auch eher ein Kerker als ein
Gefängnis. Hier haben die Taliban nach der Machtübernahme die Süchtigen der Stadt eingesperrt. Nirgendwo
auf der Welt wird so viel Heroin produziert wie in Kandahar und der Nachbarprovinz Helmand. Das hat auch
mit den Taliban zu tun: Sie finanzierten sich einen Teil
ihres Aufstandes mit den Drogen. Es ist eine ihrer grossen Heucheleien: radikalen Islam predigen und mit Drogen dealen. In Kandahar kostete vor ihrer Machtübernahme ein Schuss nur wenige Rappen.

Die Taliban reagieren auf das Drogenproblem wie
auf so viele Probleme, die nun auf sie zukommen: mit
Überforderung. Sie haben die Süchtigen der Stadt einge-
sammelt und sie ins Gefängnis gebracht. Wenn sie der-
einst rauskommen, soll es in der Stadt keine Drogen
mehr geben. Es ist ein kalter Entzug im Kerker, und so
sehen die Insassen auch aus: hager und am Zerfallen.

Ein Süchtiger sagt: «Es ist kein Leben. Aber man lebt.» Ein Taliban-Vertreter erklärt: «Wir sperren die Leute zu ihrem eigenen Schutz ein, aber das ist keine gute Lösung. Wir brauchen eine Alternative.»

Das Versprechen, dass es irgendwann schon gut kommen wird, geistert in dieser Zeit des Umbruchs durch all die Büros, in denen ich Gast bin. Meist sitzt mir gegenüber ein Talib, der Wochen zuvor noch gekämpft oder eine Einheit kommandiert hat – jetzt hat er sich einen Posten in der neuen Verwaltung gesichert. Die Büros erinnern an frisch bezogene WG-Zimmer, Hauptsache, die richtige Fahne ist an die Wand geklebt: die weisse Flagge des neuen Emirats. Manchmal lehnt irgendwo im Büro eine Kalaschnikow. Die plüschigen Sofas sind von den Vormietern übernommen worden.

All diese Taliban-Beamten und -Gouverneure sollen nun ein Land führen. Nur: Fast keiner weiss, wie man so etwas anstellt. Den allermeisten fehlt das Wissen, um die Stellen zu leiten, die man ihnen anvertraut hat. Die meisten haben eine sehr rudimentäre, religiöse Bildung in einer Madrassa, einer Koranschule, bekommen. Seither sind sie Kämpfer. Gleichzeitig sind viele gut ausgebildete Männer und Frauen aus Afghanistan geflohen. Die Verwaltungsgebäude bevölkern nur noch jene Regierungsmitarbeiter, die keine Möglichkeit hatten, das Land zu verlassen. Diese Zurückgelassenen arrangieren sich irgendwie mit den neuen Chefs. Einer erzählt, sie seien kurz nach dem Umsturz alle entlassen worden. Zwölf Tage später habe ihn ein Talib angerufen, er solle zurück zur Arbeit kommen, nichts funktioniere mehr.

In den Monaten vor dem Umsturz sind die Taliban geeint aufgetreten, so sehr, man hätte fast vergessen können, wie uneins sie sind. Zwar existiert eine klare Führungsstruktur, und solange der Aufstand gedauert hat, haben sich all die lokalen Taliban-Fürsten und -Kommandanten den Befehlen ihrer Anführer unterworfen. Nun ist das gemeinsame Ziel, der Sieg gegen die Amerikaner, erreicht, Afghanistan ist erobert. Seit der Machtübernahme werden die Friktionen sichtbar. In Kabul gibt es Machtkämpfe zwischen dem politisch gewandten und leicht gemässigteren Lager und dem radikal islamistischen. So sehr sich die Taliban bemühen, nach der Machtübernahme staatsmännisch zu wirken: Die ersten Monate unter ihnen sind chaotisch. Selbst als die Übergangsregierung bestimmt wird, kehrt kaum Ruhe ein. Ein Minister sagt in einem Interview etwas, ein anderer widerspricht im nächsten. Es ist schwierig, eine klare Linie zu erkennen. Viel wird von islamischen Werten gesprochen. Egal wie der künftige Taliban-Staat aussieht, er dürfte eine islamistische Theokratie werden. So weit die Idee. Aber in Kabul wird derzeit kaum regiert, und die Taliban gestalten keinen neuen Staat. Zu sehr sind sie mit internen Machtkämpfen beschäftigt.

Dabei gelangt wenig nach aussen. Viele aus dem höchsten Führungszirkel, so der Innenminister Sirajuddin Haqqani, haben ihr Gesicht auch Monate nach dem Sieg noch immer nicht in der Öffentlichkeit gezeigt – das FBI hat auf Haqqanis Ergreifung ein Kopfgeld ausgeschrieben. Er befehligte unzählige Selbstmordanschläge.

## Auf der Polizeistation

Wie uneins die Bewegung ist, erleben wir am eigenen Leib in Kandahar. Es beginnt alles mit einem Bild. Wir fotografieren in Kandahar Frauen, alle vollständig verhüllt in Burkas. Sie kaufen gerade auf dem Markt ein. Ein Talib, ein Mann vom Geheimdienst, tritt heran und sagt, dass das Fotografieren von Frauen verboten sei, er werde uns auf den nächsten Polizeiposten begleiten. Dort erwartet uns Feindseligkeit. Ich werde in einen dunklen Raum geführt, am Boden sitzt der grimmigste Talib, sein Körper eine einzige Narbe dieses Krieges: Aus dem Arm ragen Metallstäbe, das Bein ist schwarz verbrannt, und er würdigt mich keines Blickes. Um ihn sitzen junge Männer, sie haben den Polizeiposten übernommen. Obwohl Afghanistan ein höfliches Land ist und viele Menschen sehr viel Wert auf Umgangsformen legen, ist dieser Raum voll vom Hass und von der Arroganz der Kriegsgewinner. Sie spotten und beleidigen. Dabei verstehe ich nicht alles, mein Übersetzer ist einer dieser sehr höflichen Afghanen, die solche Beleidigungen nicht in den Mund nehmen.

Ich habe zwei Briefe bei mir, ein Einladungsschreiben der Regierung in Kabul, in dem steht, ich sei ein internationaler Journalist und ein Gast. Der zweite Brief ist vom Taliban-Pressebüro in Kandahar, wo wir uns angemeldet haben, als wir in die Stadt gekommen sind. Der Kommandant in der Polizeistation schnippt den Brief weg. Wir erklären ihm, was wir tun, dass wir die Erlaubnis hätten, im Land, in der Stadt zu sein. Er sagt nur: «Wir sind hier in Kandahar, nicht in Kabul.»

Der Mann will keine Befehle aus Kabul befolgen, ja er will nicht einmal der schriftlichen Weisung des Pressebüros folgen, das fünf Minuten entfernt von seiner Polizeistation liegt. Er versteht nicht, wieso ein westlicher Journalist in seiner Stadt ist, jener Stadt, die er gerade zurückerobert hat. Vielleicht will er es nicht verstehen. Der Mann hat gerade einen Krieg gewonnen, und das lässt er uns spüren. Nach einer Stunde erreicht er den Verantwortlichen vom Pressebüro. Sie tauschen sich kurz aus, dann lässt er uns gehen – der Mann vom Pressebüro identifiziert den Brief offenbar als authentisch und mich als Journalisten. Ein junger Talib erklärt mir, er werde uns fortan beobachten. Jeden Abend schickt er uns Whatsapp-Nachrichten und will wissen, wo wir sind. Irgendwann höre ich auf zu antworten.

## Versprechen gebrochen

Es dürfte schwierig werden, all diese Taliban zu einen. Jene in Kandahar, jene in Kabul und die in allen anderen Landesteilen. Aus den Guerillas Beamte zu machen. Männer, die nicht nur einen Staat zerstören, sondern einen aufbauen und gestalten wollen. Im Moment deutet wenig darauf hin, dass dies gelingen wird.

Das offenbart auch ein Bericht der Menschenrechtsorganisation Human Rights Watch: Die Taliban haben seit dem Umsturz rund hundert Verbrechen an ehemaligen afghanischen Sicherheitskräften begangen, es gab Morde und Entführungen. Eigentlich hat die Führung in Kabul den Polizisten, Soldaten und Geheimdienstmitarbeitern der einstigen Regierung eine Generalamnestie versprochen. Human Rights Watch schreibt, dass die Morde auch persönliche Hintergründe hätten: Rivalitäten zwischen regionalen Clans, persönliche Animositäten. In den Provinzen wird gemordet, und die neuen Herrscher in Kabul scheinen es nicht verhindern zu können.

Bevor ich Afghanistan verlasse, besuche ich noch einmal Kabul. Wir wollen unbedingt das Haus von General Abdul Rashid Dostom besichtigen, einem Warlord, der sich mitten in der Stadt einen Prunkpalast voller Aquarien und Kunstrasen gebaut hat. Er ist nach dem Umsturz in die Türkei geflüchtet. Wir müssen lange mit den Taliban am Eingang verhandeln. Sie sind freundliche, junge Kämpfer, wie wir sie überall in Afghanistan gesehen haben: in der einen Hand eine Kalaschnikow, in der anderen ein Smartphone. Sie sind auf den sozialen Medien unterwegs und wollen wissen, was die Welt über sie denkt. Diese jungen Männer sind nicht weniger radikale Islamisten, aber die Welt da draussen ist ihnen zumindest nicht egal. Die Kämpfer, die die Villa bewachen, kommen aus Dörfern, sie kennen die Opulenz und den Luxus nicht, der ihnen an manchen Orten Kabuls begegnet. All das ist ihnen fremd. Nun besetzen sie die Häuser der korrupten afghanischen Elite. Sie haben sie nicht geplündert, nicht zerstört, sie warten einfach. Irgendwann würden sie gerne in ihre Dörfer zurückkehren. «Wir folgen den Befehlen unseres Emirs und gehen, wohin er will», sagt einer von ihnen, während er uns durch den tropischen Indoor-Garten führt. Ich höre ähnliche Sätze in anderen besetzten Häusern. Auch die Taliban scheinen sich keine Gedanken darüber gemacht zu haben, was nach dem Krieg kommt.

## Afghanistan braucht Hilfe

Seit ich aus Afghanistan zurückgekehrt bin, häufen sich die schlechten Nachrichten. Die USA haben fast das ganze afghanische Staatsvermögen von 9,5 Milliarden US-Dollar eingefroren, es liegt auf Konten im Ausland, und die Taliban fordern es zurück. Einzig die UNO-Hilfe kommt derzeit in Afghanistan an. Der Verantwortliche der Welthungerhilfe warnt mich am Telefon, man brauche dringend internationale Hilfe und Aufmerksamkeit, die Hungersnot habe längst die Städte erreicht. Bereits Anfang 2022 ist die Lage zu einer der grössten humanitären Katastrophen der Welt angewachsen. Die UNO bittet ihre Mitglieder um 4,4 Milliarden Dollar Hilfsgelder für Afghanistan – so viel wie noch nie für ein einzelnes Land. 22 Millionen Afghaninnen und Afghanen brauche Hilfe.

Wir sollten nicht wegsehen.

Und wir sollten nicht die gleichen Fehler der vergangenen zwanzig Jahre wiederholen. Zu lange haben es sich Politiker zu einfach gemacht. Sie haben die Taliban dämonisiert und die westliche Intervention glorifiziert. Dieses Schwarz-Weiss-Denken wird Afghanistan nicht gerecht, denn die Welt ist wie so oft grau. Auch wir Journalisten müssen uns dessen immer wieder bewusst sein: Es ist schwer, Afghanistan in seiner ganzen Komplexität zu erfassen. Wir sollten es dennoch versuchen.

Denn die Taliban werden nicht so schnell verschwinden. Es gibt im Land bisher nur wenig Widerstand gegen die neuen Herrscher. Aber sie haben viel versprochen und sind bis jetzt fast alles schuldig geblieben. Daran sollten wir sie messen: was sie nun aufbauen im geeinten Afghanistan, was sie zerstören und wen sie ausschliessen. Wir sollten beobachten, ob die westlichen Staaten dieselben Fehler begehen wie einst, als sie sich abgewandt und Afghanistan sich selbst überlassen haben. Ob sie diesmal verhandeln, vielleicht zum Vorteil aller, ob sie gelernt haben.

Wir sollten hinschauen.

# Quellen

## Literaturverzeichnis

Abbas, Hassan: *Pakistan's Drift Into Extremism. Allah, the Army, and America's War on Terror.* New Delhi 2005.

*Al-Qur'an. The Guidance for Mankind.* Hrsg. von The Institute of Islamic Knowledge. Houston, Texas, 2004.

Armstrong, Karen: *Islam. A Short History.* London 2009.

Bilmes, Linda J.: *The Long-Term Costs of United States Care for Veterans of the Afghanistan and Iraq Wars.* A Costs of War Research Series. Watson Institute, Brown University. August 18, 2021

Burke, Jason: *The 9/11 Wars.* London 2011.

Choksy, Carol E.B., Choksy, Jamsheed K.: *The Saudi Connection: Wahhabism and Global Jihad.* World Affairs Vol. 178. May/June 2015, S. 23–34.

Haqqani, Husain: *Between Mosque and Military.* Carnegie Endowment for Int'l Peace. Lahore 2005.

Hottinger, Arnold: *Islamische Welt. Der Nahe Osten: Erfahrungen, Begegnungen, Analysen.* Paderborn 2004.

Hottinger, Arnold: *Die Länder des Islam. Geschichte, Traditionen und der Einbruch der Moderne.* Zürich 2009.

Hussain, Rizwan: *Pakistan And The Emergence Of Islamic Militancy In Afghanistan.* Hampshire 2010.

Girardet, Edward: *Killing the Cranes. A Reporter's Journey Through Three Decades of War in Afghanistan.* Harford, Vermont 2011.

Goldstein, Joseph: *Bribery Frees a Drug Kingpin in Afghanistan, Where Cash Often Overrules Justice.* The New York Times. 31.12.2014.

Gul, Imtiaz: *The Al Qaeda Connection.* New Delhi 2009.

Koelbl, Susanne, Ihlau, Olaf: *Krieg am Hindukusch. Menschen und Mächte in Afghanistan.* Pantheon Verlag, München 2009.

Maher, Shiraz: *Salafi-Jihadism. The History of an Idea.* London 2016.

Merey, Can: *Die afghanische Misere. Warum der Westen am Hindukusch zu scheitern droht.* Weinheim 2008.

Morgan Edwards, Lucy: *The Afghan Solution. The Inside Story of Abdul Haq, the CIA and How Western Hubris Lost Afghanistan.* London 2011.

Peters, Gretchen: *Seeds of Terror. How Heroin is Bankrolling the Taliban and al Qaeda.* Oxford 2009.

Rashid, Ahmed: *Descent into Chaos: How the war against Islamic extremism is being lost in Pakistan, Afghanistan and Central Asia.* New York/London 2008.

Rashid, Ahmed: *Taliban. Afghanistans Gotteskrieger und der Dschihad.* München 2001.

Schetter, Conrad: *Kleine Geschichte Afghanistans* (2. Aufl.). München 2007.

Shane, Scott: *Saudis and Extremism: Both the Arsonists and the Firefighters.* New York Times. 25.8.2016.

Siddiqa, Ayesha: *Military Inc. Inside Pakistan's Military Economy* (3. Aufl.). Oxford 2009.

Ward, Terence: *The Wahhabi Code. How the Saudis Spread Extremism Globally.* New York 2018.

## Internetquellen

Afghanistan Analyst Network: *Afghan Exodus: Migrants in Turkey left to fend for themselves.*
www.afghanistan-analysts.org/en/reports/migration/afghan-exodus-migrant-in-turkey-left-to-fend-for-themselves, abgerufen am 22.12.2020.

Central Intelligence Agency (CIA): *World Factbook.*
www.cia.gov/the-world-factbook, abgerufen am 13.8.2021.

International Crisis Group, ICG: *Afghanistan 2001–2021: U.S. Policy Lessons Learned.*
www.crisisgroup.org/asia/south-asia/afghanistan/ afghanistan-2001-2021-us-policy-lessons-learned, abgerufen am 17.11.2021.

Global Terrorism Database.
www.start.umd.edu/gtd/analysis, abgerufen am 18.5.2017.

Roggio, Bill: *Mapping Taliban Control in Afghanistan.*
www.longwarjournal.org/mapping-taliban-control-in-af- ghanistan, abgerufen am 10.8.2021.

Sopko, John F.: *Testimony Before the Homeland Security and Governmental Affairs Committee (HSGAC) Subcommittee on Federal Spending Oversight and Emergency Management (FSO) U.S. Senate.*
www.sigar.mil/pdf/testimony/SIGAR-18-46-TY.pdf, abgerufen am 9.5.2018.

UNAMA: *Afghanistan: Civilian Casualties exceed 10,000 for sixth straight year.*
https://unama.unmissions.org/afghanistan-10000-civilian- casualties-sixth-straight-year, abgerufen am 22.2.2020.

UNHCR: *Afghanistan: Vertriebene in grosser Not.*
www.uno-fluechtlingshilfe.de/hilfe-weltweit/afghanistan, abgerufen am 14.12.2021.

UNODC: *Afghanistan Opium Survey 2018 Cultivation and Production.*
www.unodc.org/documents/crop-monitoring/Afghanistan/ Afghanistan_opium_survey_2018.pdf, abgerufen am 5.6.2021.

# Zeittafel

**Zirka 500 v. Chr.:** Der persische König Darius I. von Babylon erobert Afghanistan.

**Zirka 300–326 v. Chr.:** Alexander der Grosse durchzieht mit seiner Streitmacht das heutige Gebiet von Afghanistan.

**7.–10. Jahrhundert:** arabisch-islamische Eroberungswellen. Buddhismus und andere Religionen werden aus Afghanistan verdrängt, und der Islam wird vorherrschende Religion.

**13. Jahrhundert:** Der Mongole Dschingis Khan erobert weite Teile Zentralasiens, Afghanistans und Nordchinas. Abkömmling seiner Truppen ist der heutige Stamm der Hazara in Zentralafghanistan. Nach Dschingis Khans Tod 1227 zerfällt sein Reich. In Afghanistan errichten lokale Stammesfürsten ihre Herrschaftsgebiete.

**Ende des 14. Jahrhunderts:** Timur Leng, Führer eines türkisierten Mongolenstammes, fällt in Afghanistan ein. Ab dem 15. Jahrhundert beginnt die Blütezeit der Timuridenherrschaft in Herat. Kunst, Kultur und Architektur werden gefördert, und Afghanistan erlebt eine friedliche Zeit.

**1747:** Gründung des Staates Afghanistan in seiner heutigen Grösse. Ahmad Shah Durrani wird von der Grossen Ratsversammlung (Loja Dschirga), der Vertreter verschiedener Stämme Afghanistans angehören, zum Schah von Afghanistan, zum ersten König des Landes, ernannt.

**1838–1842:** erster anglo-afghanischer Krieg. Vernichtung einer 16 000 Mann starken Expeditionstruppe von britischen Soldaten und Trossangehörigen durch afghanische Stammeskämpfer. Die Engländer versuchen durch die Eroberung von Afghanistan ihre Vormachtstellung in der Region gegenüber den Expansionsbestrebungen des Russischen Reichs zu bewahren.

**1878–1880:** zweiter anglo-afghanischer Krieg. Frieden von Gandamak. Afghanistan erkennt britische Oberhoheit an.

**1893:** Vertrag über die Ostgrenze Afghanistans. Die Briten ziehen die Durand-Linie als Grenze zwischen Britisch-Indien und Afghanistan. Die Grenze wird dabei willkürlich durch das Gebiet der Paschtunenstämme gelegt und bis heute von Afghanistan nicht anerkannt.

**1919:** dritter anglo-afghanischer Krieg. Die afghanische Armee mit Unterstützung aller Stammeskrieger erzielt grosse Erfolge gegen die Briten. Als Vergeltung bombardieren die Briten den Palast von König Amanullah Khan.

**August 1919:** Die Briten anerkennen im «Frieden von Rawalpindi» Afghanistan als unabhängigen und souveränen Staat.

**1933:** Mohammed Zahir wird Schah von Afghanistan. Er ist der letzte König des Landes. Afghanistan bleibt für die kommenden vier Jahrzehnte eine Monarchie.

**1953:** Mohammed Daoud wird Ministerpräsident und bittet die Sowjetunion um wirtschaftliche und militärische Hilfe. Er stösst eine Sozialreform an und beendet «Parda», die komplette Abschirmung der Frau durch verhüllende Kleidung und die körperliche Abschottung der Frauen von der Aussenwelt.

**1963:** Daoud tritt als Ministerpräsident zurück.

**1964:** Verabschiedung einer konstitutionellen Verfassung und Beginn der konstitutionellen Monarchie.

**1965:** erste Parlamentswahlen.

**1973:** König Zahir wird bei einem unblutigen Staatsstreich gestürzt. Daoud ruft die Republik aus und erklärt sich zum Präsidenten. Er versucht die Sowjetunion und die USA gegeneinander auszuspielen und geht hart gegen Fundamentalisten vor.

**April 1978:** Daoud wird bei einem Militärputsch ermordet. Machtübernahme der linken Demokratischen Volkspartei Afghanistans unter Leitung von Nur Mohammad Taraki.

**Sommer 1978:** Machtkämpfe und Unruhen breiten sich im ganzen Land aus. Die Sowjetunion leistet Militärhilfe an

die Regierung, die USA unterstützen die Antiregierungs-
kämpfer.

**September 1979:** Ermordung von Taraki. Sein Stellvertreter
Hafizullah Amin ernennt sich zum neuen Präsidenten und
versucht auf Distanz zur Sowjetunion zu gehen.

**Dezember 1979:** Die Rote Armee der Sowjetunion marschiert in
Afghanistan ein. Die Sowjets töten Präsident Amin und in-
stallieren in Kabul eine Marionettenregierung unter Präsident Babrak Karmal von der Demokratischen Volkspartei
Afghanistans.

**1980er Jahre:** Der Widerstand der Mudschaheddin gegen die
sowjetische Besatzung wird stärker. Die USA, Pakistan,
China, Iran und Saudi-Arabien unterstützen die Mudschaheddin mit Waffen und Geld. Osama bin Laden macht
seine erste Reise nach Peschawar und an die afghanische
Grenze. Grosse Flüchtlingsströme von Afghaninnen und
Afghanen nach Pakistan und in den Iran.

**1985:** Die Mudschaheddin kommen in Pakistan zusammen, um
eine Allianz gegen die Sowjettruppen zu schmieden. Die
USA und Pakistan unterstützen die islamistischen Extremisten innerhalb der Mudschaheddin.

**1986:** Najibullah ersetzt Karmal als Anführer der sowjetischen
Marionettenregierung.

**1988:** Die Aussenminister der Sowjetunion, der USA, von
Afghanistan und Pakistan unterzeichnen in Genf einen
Friedensvertrag.

**1989:** Die sowjetischen Truppen ziehen aus Afghanistan ab. Die
Mudschaheddin versuchen die kommunistische Regierung
Najibullahs zu stürzen. Der Bürgerkrieg breitet sich aus.

**1990:** Osama bin Laden verlässt Afghanistan und geht nach
Saudi-Arabien und in den Sudan.

**1991:** Die USA und die Sowjetunion einigen sich, die Militärhilfe an alle afghanischen Parteien einzustellen.

**April 1992:** Najibullah wird gestürzt.

**1992–1996:** Bürgerkrieg zwischen unterschiedlichen Mudscha-heddin-Gruppen. Kabul wird in Schutt und Asche gebombt. Zehntausende sterben an Hunger und Krankheiten. Millionen von Afghanen fliehen nach Pakistan und in den Iran.

**Dezember 1992:** Die Grosse Ratsversammlung wählt den Tajiken Burhanuddin Rabbani für die Dauer von zwei Jahren zum Präsidenten.

**1994:** Die Taliban unter Mullah Omar entstehen in Kandahar im Süden Afghanistans und werden zu einer starken Kraft. Die verschiedenen bewaffneten Gruppierungen kämpfen um Kabul.

**1996:** Die Taliban erobern drei Viertel des Landes und nehmen Kabul ein. Sie foltern und töten Najibullah, dessen Leichnam sie vor dem Präsidentenpalast zur Schau stellen. Rabbani flieht und schliesst sich der Nordallianz an, die gegen das Taliban-Regime kämpft. Osama bin Laden kehrt nach Afghanistan zurück.

**1997:** Pakistan und Saudi-Arabien anerkennen die Taliban, die meisten anderen Länder anerkennen sie nicht. Die Taliban ändern den offiziellen Landesnamen in Islamisches Emirat Afghanistan. Sie verordnen, dass Frauen nur im Gesundheitswesen berufstätig sein dürfen.

**Mai 1998:** Bei einem Erdbeben in der afghanischen Provinz Badakhshan kommen bis zu fünftausend Menschen ums Leben.

**Juni 1998:** Die Taliban lassen mehr als tausend private Schulen schliessen, an denen Tausende von Mädchen unterrichtet wurden.

**August 1998:** Bei Terroranschlägen auf die US-Botschaften in Kenia und Tansania werden 257 Menschen getötet. Der Saudi-Araber und Al-Kaida-Chef Osama bin Laden gilt als Auftraggeber. Die Taliban lehnen seine Auslieferung ab, worauf die USA Al-Kaida-Ausbildungslager in Afghanistan mit Raketen angreifen.

**1999:** Die UNO übt mit Sanktionen Druck auf die Taliban aus und verlangt, dass diese Osama bin Laden ausliefern.

**März 2001:** Die Taliban zerstören die Buddhastatuen von Bamian.

**9. September 2001:** Ahmed Shah Masud, der legendäre Anführer der Nordallianz, wird von Al-Kaida-Kämpfern, die sich als Journalisten ausgeben, bei einem Selbstmordangriff getötet.

**11. September 2001:** Anschläge auf die Twin Towers in New York und auf das Pentagon in Washington.

**7. Oktober 2001:** Eine von den USA angeführte Koalition von Staaten unter der Bezeichnung Operation Enduring Freedom und im Rahmen des Kriegs gegen den Terror greift Afghanistan an, nachdem die Taliban die Auslieferung von Osama bin Laden verweigern.

**November 2001:** Das Taliban-Regime wird gestürzt, die Führung flieht nach Pakistan, wo sie in Quetta den Widerstand gegen die Amerikaner und ihre Verbündeten organisiert. Taliban-Führer Mullah Omar und Al-Kaida-Chef Osama bin Laden entkommen.

**Dezember 2001:** Afghanistan-Konferenz auf dem Petersberg bei Bonn. An der Konferenz nehmen vier Delegationen verschiedener afghanischer Gruppierungen unter Ausschluss der Taliban teil. Mit einem Abkommen wird der sogenannte Petersberg-Prozess eingeleitet, der zur Befriedung des Landes führen soll. Hamid Karzai wird zum Präsidenten einer Interimsregierung bestimmt.

**Januar 2002:** Geberkonferenz für Afghanistan in Tokio. Wiederaufbauhilfen in der Höhe von 4,5 Milliarden US-Dollar werden zugesagt. Auf der Konferenz wird entschieden, dass die Koordination des Aufbaus von afghanischen Institutionen einzelnen Staaten zugeordnet werden. Zuständig für den Aufbau der Polizei ist Deutschland, für den Aufbau der Armee die USA, für den Aufbau der Justiz Italien, für die Drogenbekämpfung Grossbritannien und für die Demobilisierung, Entwaffnung und Reintegration ehemaliger Milizen Japan, in Zusammenarbeit mit der Unterstützungsmission der Vereinten Nationen in Afghanistan, UNAMA. Die

Internationale Schutztruppe für Afghanistan, ISAF, beginnt ihren Einsatz.

**April 2002:** Exkönig Zahir Shah kehrt aus dem italienischen Exil nach Kabul zurück, verzichtet aber auf den Thron.

**Juni 2002:** Die Grosse Ratsversammlung wählt Karzai für weitere zwei Jahre zum Übergangspräsidenten.

**20. März 2002:** Die USA und ihre Koalition der Willigen marschieren in den Irak ein, um Saddam Hussein und sein Regime zu stürzen. Afghanistan gerät damit aus dem Fokus.

**August 2003:** Die NATO übernimmt das Kommando über die ISAF.

**Januar 2004:** Die Grosse Ratsversammlung verabschiedet eine neue Verfassung.

**März/April 2004:** Afghanistan erhält bei einer Konferenz in Berlin neue internationale Hilfszusagen in Milliardenhöhe. Ein Schlüsselthema der Konferenz ist die Bekämpfung des Drogenanbaus im Land.

**Oktober 2004:** erste freie Präsidentschaftswahl nach dem Sturz der Taliban. Karzai wird mit 55,4 Prozent der Stimmen gewählt und im Dezember vereidigt.

**Februar 2005:** Hunderte von Menschen sterben in einem der kältesten Winter seit Jahrzehnten.

**September 2005:** erste Parlaments- und Provinzwahlen nach mehr als dreissig Jahren.

**Februar 2006:** Afghanistan-Konferenz in London. Der Petersberg-Prozess wird abgeschlossen, eine 5-jährige Phase des Wiederaufbaus beginnt. Geberländer versprechen mehr als 10 Milliarden US-Dollar.

**Juli 2007:** Exkönig Zahir Shah stirbt in Kabul.

**August 2007:** Die Opiumproduktion erreicht laut einem Bericht der UNO Rekordhöhe.

**Juni 2008:** Die Staatengemeinschaft bekennt sich bei der Afghanistan-Konferenz in Paris erneut zu ihrem Engagement in Afghanistan und sagte dem Land weitere Milliardenhilfe zu.

**Februar 2009:** NATO-Länder entscheiden sich, mehr Truppen nach Afghanistan zu entsenden.

**August 2009:** Präsidentschafts- und Provinzwahlen werden von Angriffen und Wahlbetrug überschattet. Karzai wird trotzdem im November als Präsident vereidigt.

**Dezember 2009:** US-Präsident Barak Obama kündigt an, zusätzlich 30 000 Soldaten nach Afghanistan zu schicken und damit den dortigen amerikanischen Truppenbestand auf 100 000 US-Soldaten aufzustocken. Sie sollen die Taliban und Al-Kaida-Kämpfer bekämpfen. Die neue Strategie soll einen Rückzug der US-Soldaten ab 2011 ermöglichen.

**Juli 2010:** Konferenz in Kabul. Themen sind die Übergabe der Sicherheitsverantwortung und ein Aussteigerprogramm im Umfang von mindestens 350 Millionen US-Dollar für Taliban.

**November 2010:** Bei einem NATO-Gipfel in Lissabon verkündet das westliche Bündnis, ab dem kommenden Jahr die Sicherheitsverantwortung an die Afghanen zu übergeben und bis Ende 2014 seinen Kampfeinsatz in Afghanistan zu beenden.

**2. Mai 2011:** Osama bin Laden wird von einem US-Spezialkommando in seinem Versteck im pakistanischen Abottabad getötet.

**Dezember 2011:** Afghanistan-Konferenz in Bonn. Vereinbarung zum Abzug der Kampfeinheiten bis 2014 und zu einer nachfolgenden 10-jährigen Übergangsphase. Der Westen sagt Afghanistan zu, die afghanischen Sicherheitsorgane weiterhin zu unterstützen.

**April 2014:** Ashraf Ghani gewinnt die Präsidentschaftswahlen. Betrugsvorwürfe überschatten jedoch die Wahlergebnisse, und Abdullah Abdullah, Ghanis Rivale, zweifelt das Resultat an. Erst im September kommt es zu einer Einigung, bei der sich die beiden Kontrahenten auf eine Machtteilung einigen. Ghani wird Präsident, Abdullah Abdullah übernimmt einen neu geschaffenen Posten, der der Position eines Ministerpräsidenten ähnelt.

**Dezember 2014:** Die NATO beendet zum Jahreswechsel ihren offiziellen Kampfeinsatz in Afghanistan. In der neuen Mission «Resolute Support» werden afghanische Streitkräfte ausgebildet und beraten.

**2014:** Pakistanische Islamisten der Gruppe Tehrik-e Taliban Pakistan, TTP, kommen in Pakistan immer mehr unter Druck und fliehen nach Afghanistan. Im Oktober 2014 schwören sie der Terrormiliz Islamischer Staat die Treue.

**2015:** Die Terrormiliz IS gibt ihre Ausdehnung nach Zentralasien bekannt. In Afghanistan wird der IS als IS-K bekannt. Das K steht für Khorasan, eine historische Region in Zentralasien, die auch Afghanistan umfasst. IS-K beginnt mit Kämpfern der pakistanischen TTP.

**2017:** Kämpfe zwischen Mitgliedern der Taliban und der Terrormiliz IS-K nehmen zu. Sowohl der Islamische Staat – Provinz Khorasan, IS-K, in Afghanistan – als auch die Taliban sind zwar sunnitische Gruppierungen, lehnen westliche Werte fundamental ab und berufen sich als Rechtsgrundlage auf die Scharia, das islamische Recht. Die beiden Gruppen sind jedoch Rivalen und unterscheiden sich in ihren Wurzeln, ihrer Ideologie und ihrem Machtanspruch, der bei den Taliban lokal, beim IS jedoch global ist.

**September 2019:** Die Präsidentschaftswahl wird wieder zwischen Amtsinhaber Ashraf Ghani und Abdullah Abdullah ausgetragen und endet wegen Manipulationsvorwürfen ohne Ergebnis. Nach monatelangem Tauziehen erklärt die nationale Wahlkommission einseitig Ghani zum Sieger. Abdullah willigt schliesslich ein und übernimmt den Vorsitz im neuen Obersten Rat für Nationale Versöhnung. Damit ist er für die geplanten Friedensgespräche mit den Taliban zuständig.

**Februar 2020:** Beim Doha-Abkommen einigen sich die USA und die Taliban auf den Abzug der verbleibenden NATO-Truppen. Bedingung sind innerafghanische Friedensgespräche. Die Taliban versichern im Gegenzug, dass von Afghanistan keine Terrorgefahr mehr ausgehe.

**Mai 2021:** Der offizielle Abzug der internationalen Truppen aus Afghanistan beginnt. Laut US-Präsident Joe Biden sollen die US-Truppen bis spätestens am 11. September Afghanistan verlassen haben.

**15. August 2021:** Die Taliban marschieren in Kabul ein und besetzen den Präsidentenpalast, nachdem sie alle Provinzhauptstädte eingenommen haben. Präsident Ashraf Ghani flieht kurz zuvor ins Ausland.

**16. August:** Auf dem Flughafen von Kabul spielen sich dramatische Szenen ab, da viele Afghaninnen und Afghanen zu fliehen versuchen. Es kommt zu mehreren Toten. Verschiedene Länder beginnen mit der Evakuierung ihrer Landsleute und von Afghanen.

**19. August:** Die Taliban rufen das Islamische Emirat Afghanistan aus.

**23. August:** Die Taliban stellen für die Evakuierung ein Ultimatum. Bis am 31. August sollen alle westlichen Truppen aus dem Land abgezogen sein.

**26. August:** Mehrere Attentäter des afghanischen Ablegers der Terrormiliz Islamischer Staat, IS-K, greifen mit Sprengstoffwesten und Gewehren einen Eingang am Flughafen von Kabul an. Mehr als 100 Personen kommen ums Leben, unter ihnen auch 13 US-Soldaten.

**31. August:** Das letzte US-Militärflugzeug hebt eine Minute vor Mitternacht vom Kabuler Flughafen ab. Die USA verkünden, sie und ihre Verbündeten hätten mehr als 122 000 Zivilisten ausser Landes gebracht. Nach zwanzig Jahren ist der Einsatz des US-Militärs, der längste Militäreinsatz in der Geschichte der USA, zu Ende.

**7. September:** Die Taliban bilden ihre Regierung. Anders als versprochen berücksichtigen sie keine ethnischen Minderheiten für entscheidende Posten. In der Regierung sitzen fast ausschliesslich Paschtunen.

**November 2021:** Die Menschenrechtsorganisation Human Rights Watch veröffentlicht einen Bericht, laut dem seit der Machtübernahme der Taliban über hundert ehemalige Sicherheitskräfte der Regierung verschwunden oder exekutiert worden sind. Das Ministerium für die Förderung der Tugend und Verhütung des Lasters ordnet an, dass TV-Sender keine Filme oder Serien mehr zeigen dürfen, in denen Frauen mitspielen oder die der islamischen Scharia oder afghanischen Werten widersprechen.

**Dezember 2021:** Mindestens 23 Millionen Menschen, mehr als die Hälfte der Bevölkerung des Landes, sind nach Angaben der UNO nicht mehr in der Lage, sich selbst zu ernähren, und werden ohne Hilfe akuten Hunger leiden. Eine anhaltende Dürre, der Zusammenbruch öffentlicher Dienstleistungen, eine schwere Wirtschaftskrise und steigende Lebensmittelpreise im Land sind die Gründe. Die UNO müsste Mittel in noch nie dagewesener Höhe mobilisieren, um den Bedarf zu decken.

**Gewalt seit der Machtübernahme der Taliban:** Die Terrormiliz IS-K verübt mehrere Anschläge, darunter auch auf ein Militärspital in Kabul und schiitische Moscheen, in ganz Afghanistan und tötet dabei Dutzende von Menschen. Nach Schätzungen der UNO hat die Gruppierung in Afghanistan nun einige tausend Kämpfer, darunter auch viele enttäuschte Taliban-Kämpfer, die zum IS übergelaufen sind. Laut dem IS-K sind die Taliban Abtrünnige und Ungläubige, weil sie mit den USA ein Abkommen geschlossen haben. Während die neue Taliban-Regierung in Kabul auch schiitischen Minderheiten Schutz zugesichert hat, verfolgt der IS-K das Ziel, alle, die er als Glaubensabtrünnige bezeichnet, zu bekämpfen. Muslimische Minderheiten wie die Hazara sind dabei besonders bedroht.

# Glossar und Personenverzeichnis

**Abdullah Abdullah (geb. 1960):** Arzt, Politiker und ehemaliger Berater von Ahmad Shah Masud aus dem Panjshir-Tal. Mutter Tadschikin, Vater Paschtune. Aussenminister in der Regierung nach dem Sturz der Taliban. Nach den umstrittenen Wahlen 2014 wird Abdullah Abdullah «chief executive» des Landes, sein Mitstreiter Ashraf Ghani wird Präsident. Im Mai 2020 wird Abdullah Abdullah zum Vorsitzenden des Hohen Rates für Nationale Versöhnung und führt die Friedensverhandlungen mit den Taliban.

**Al Kaida (zu Deutsch: die Basis):** globales Terrornetzwerk, Ende der 1980er Jahre vom Saudi-Araber Osama bin Laden gegründet. Al Kaida ist anfänglich ein logistisches Unterstützungsnetzwerk für die Mudschaheddin, die in Afghanistan gegen die Sowjets gekämpft haben. Nach dem Abzug der Sowjets kämpfen Al-Kaida-Anführer und -Mitglieder weiterhin gegen was sie «korrupte, islamische Regime» nennen und westliche Staaten, die in muslimischen Ländern präsent sind. Anfang der 1990er Jahre ist Al Kaida im Sudan stationiert. Mit der Machtübernahme der Taliban in Afghanistan 1996 verlegt Al Kaida seine Basis nach Afghanistan, wo Trainingslager für militante Islamisten aus der ganzen Welt entstehen. Mitglieder von Al Kaida verüben unter anderem 1998 Terroranschläge auf die US-Botschaften in Nairobi, Kenia, und Daressalam, Tansania, sowie im Jahr 2000 einen Selbstmordanschlag auf das US-Kriegsschiff «Cole» in Aden, Jemen. Am 11. September 2001 greifen Terroristen von Al Kaida verschiedene Ziele in den USA an, darunter auch das World Trade Center von New York. Die USA reagieren auf diese Angriffe mit dem Einmarsch in Afghanistan.

**bin Laden, Osama (1957–2011):** Gründer der Terrororganisation Al Kaida. Stammt aus einer wohlhabenden saudischen Unternehmerfamilie. In den 1980er Jahren unterstützt er den

Kampf der Mudschaheddin gegen die Sowjets mit Geld, Waffen und Infrastrukturprojekten. Nach dem Einmarsch der US-Truppen in Afghanistan 2001 flieht er aus Afghanistan, versteckt sich jahrelang und wird am 2. Mai 2011 in Abbottabad, Pakistan, von US-Spezialeinheiten getötet.

**Burka:** ein Überwurf mit einem Augengitter für Frauen, der ihre Körper komplett verhüllt.

**Buzkashi:** Reiterspiel, das in Zentralasien gespielt wird und bei dem die Reiter eine tote Ziege über eine Ziellinie bringen müssen.

**Dari:** afghanischer Dialekt des Persischen.

**Daoud, Mohammed (1909–1978):** 1953–1963 Ministerpräsident von Afghanistan. 1973–1978 Präsident von Afghanistan, dann bei einem Militärputsch ermordet.

**Dschihad (oder Jihad):** heiliger Krieg zur Verteidigung und Verbreitung des Islam.

**Dostom, Abdul Rashid (geb. 1954):** gehört der usbekischen Minderheit der Afghanen an. Während der sowjetischen Besatzung General in der afghanischen Regierungsarmee, später während des Bürgerkriegs Kriegsfürst und Milizenführer. Er war dafür bekannt, die Seiten schneller zu wechseln als seine T-Shirts. Ihm werden verschiedene Kriegsverbrechen angelastet. Nach dem Sturz der Taliban wird er Mitglied der Regierung von Hamid Karzai und baut seine alte Machtbasis im Norden Afghanistans wieder aus.

**Durand-Linie:** 1893 von den Briten festgelegte Ostgrenze Afghanistans (Grenze zu Pakistan), bis heute von Afghanistan nicht anerkannt.

**Fatwa:** Rechtsgutachten von islamischen Gelehrten unter Berücksichtigung des islamischen Rechts. Das Gewicht eines solchen Gutachtens beruht auf der persönlichen Autorität eines Ausstellers.

**Ghani, Ashraf (geb. 1949):** von September 2014 bis August 2021 Präsident von Afghanistan. Gehört der paschtunischen Mehrheit des Landes an. Ghani studiert in den 1970er Jahren an der American University in Beirut. Er lehrt als Professor für Anthropologie an der Universität von Kabul und später an der University of California sowie der Johns Hopkins University. Ab 1991 arbeitet er elf Jahre lang für die Weltbank. 2002 kehrt er nach Afghanistan zurück, dient bis 2004 als Finanzminister in Hamid Karzais Kabinett und wird dann Dekan der Universität von Kabul, bis er 2014 Präsident wird. Kurz bevor die Taliban am 15. August 2021 in Kabul einmarschieren, flieht er aus dem Land, jetzt lebt er im Exil.

**Googoosh (geb. 1950):** iranische Sängerin und Schauspielerin mit dem ursprünglichen Namen Faegheh Atashin. Sie ist eine der populärsten Sängerinnen und Schauspielerinnen im Iran, wird aber nach der Iranischen Revolution (1978/79) für zwanzig Jahre mit einen Auftrittsverbot belegt. Im Jahr 2000 erhält sie endlich einen Pass und darf das Land verlassen – zum ersten Mal seit der Revolution. In Toronto beginnt sie eine Welttournee und lässt sich schliesslich in Los Angeles nieder.

**Hadith:** Sammlung von überlieferten Äusserungen, Anordnungen und Handlungen des Propheten Mohammed, deren Überlieferung auf seine Gefährten zurückgeführt wird.

**Hadsch:** die grosse islamische Pilgerfahrt nach Mekka. Der Hadsch ist die fünfte der fünf Säulen des Islam und findet alljährlich während bestimmter Tage statt.

**Haqqani-Netzwerk:** sunnitisch-islamistische Terrororganisation mit über 10 000 Kämpfern, von Jalaluddin Haqqani gegründet, mit Basis in Nord-Wasiristan, Pakistan. Gründer Jalaluddin ist einer der stärksten Mudschaheddin im Widerstand gegen die Sowjetunion, unterstützt von der CIA und vom pakistanischen Geheimdienst. Jalaluddin gilt als Mentor von Osama bin Laden und als einer seiner engsten Verbündeten. Während der Herrschaft der Taliban (1996–2001) ist er Minister für Stammes- und Grenzangelegenheiten. Ungefähr 2008 übergibt er die Führung des Haqqani-

Netzwerks an seinen Sohn Sirajuddin, er stirbt 2018. Das Haqqani-Netzwerk wird seit 2001 für zahlreiche tödliche Angriffe auf die ausländischen Truppen und andere Ziele in Afghanistan verantwortlich gemacht und hat enge Beziehungen zu den Taliban und Al Kaida. Laut einer Studie des Combating Terrorism Center verdienen die Haqqanis ihr Geld mit Drogen und Entführungen, haben aber auch viel Geld in legale Firmen investiert, in Bauunternehmen und in Moscheen in Pakistan und auf der Arabischen Halbinsel. 2012 erklärt die US-Regierung das Haqqani-Netzwerk zu einer Terrorgruppe, setzt unter anderem Sirajuddin Haqqani auf die Liste gesuchter Terroristen, auf den bis heute ein Kopfgeld von zehn Millionen Dollar gesetzt ist. Sirajuddin wird 2015 zum stellvertretenden Taliban-Chef, was die engen Beziehungen zwischen dem Haqqani-Netzwerk und den Taliban noch verstärkt. Nach der Machtübernahme der Taliban 2021 wird Sirajuddin Haqqani zum Innenminister ernannt.

**Hazara:** Nachfahren mongolischer Truppen, schiitische Minderheit in Afghanistan, die etwa einen Fünftel der afghanischen Bevölkerung stellen. Als Schiiten werden sie seit Generationen von den ethnischen Mehrheiten in Afghanistan als minderwertig und als Aussenseiter abgestempelt. Die Taliban bezeichnen sie in den 1990er Jahren als Ungläubige und Tiere und verfolgen sie. Seit der Machtübernahme der Taliban im August 2021 sterben Dutzende von Hazara bei Angriffen des IS-K auf Schiiten.

**Hekmatyar, Gulbuddin (geb. 1949):** Kriegsfürst, islamistischer Hardliner. Gründer und Anführer der islamischen Partei und bewaffneten Gruppierung Hezb-e Islami. Während der sowjetischen Besatzung kämpft er, ausgestattet mit viel Geld aus den USA und Saudi-Arabien, gegen die Sowjets. Im Bürgerkrieg während der 1990er Jahre wird er zweimal für kurze Zeit Ministerpräsident. Er lässt die Hauptstadt Kabul wochenlang mit Raketen beschiessen, Tausende sterben. Seine Männer plündern im Anschluss die Stadt, morden und vergewaltigen. Hekmatyar erhält den Spitznamen «Schlächter von Kabul». Nach dem Sturz der Taliban geht er ins Exil nach Pakistan, von wo aus er eine paramilitärische Gruppierung im Kampf gegen die Regierung von Hamid Karzai und die internationalen Truppen anführt. 2016 unterschreibt er ein Friedensabkommen mit der afghanischen Regierung und kehrt nach Afghanistan zurück.

**Hindukusch:** 800 Kilometer langer Hochgebirgsgürtel mit bis zu 7700 Meter hohen Bergen. Der grösste Teil des Hindukusch liegt in Afghanistan.

**Hezb-e Islami:** Partei des Islam, angeführt von Warlord Gulbuddin Hekmatyar. Radikale Widerstandsgruppe, die gegen die Sowjets kämpft und im Bürgerkrieg der 1990er Jahre gegen andere Milizen. Ihre Anhänger werden für schwere Menschenrechts- und Kriegsverbrechen verantwortlich gemacht.

**ISAF:** International Security Assistance Force (zu Deutsch: Internationale Schutztruppe für Afghanistan), ab 2003 vom Sicherheitsrat der Vereinten Nationen eingesetzt, steht unter der Führung der NATO. Die ISAF soll Afghanistan beim Wiederaufbau helfen, eine stabile afghanische Regierung ermöglichen und afghanische Sicherheitskräfte aufbauen.

**ISI:** Inter-Services Intelligence, pakistanischer Militärgeheimdienst.

**IS/IS-K:** Terrormiliz Islamischer Staat, IS, bestehend aus sunnitischen Extremisten, die einen Eid auf das IS-Kalifat leisten. Entsteht als Folge der US-amerikanischen Invasionen im Irak im Jahr 2003 und der Auflösung von irakischer Armee und Baath-Partei durch die US-Streitkräfte. Danach formieren sich frustrierte Soldaten und andere Mitglieder des ehemaligen Regimes von Saddam Hussein zum bewaffneten Widerstand gegen die US-Besatzung, gründen 2014 den IS und beginnen ihren Eroberungsfeldzug im Irak und in Syrien. Das IS-Kalifat umfasst Mitte 2015 mehr als ein Drittel des irakischen Territoriums und halb Syrien. Die Ideologie des IS basiert auf der salafistischen Richtung des Islam, ist ultrareligiös und beruft sich vor allem auf Verse im Koran, die Gewalt legitimieren. Die einzelnen Mitglieder des IS müssen ihre Gläubigkeit unter Beweis stellen, indem sie beispielsweise die sogenannten Feinde Gottes und Ungläubige bekämpfen. Als ungläubig gelten dabei nicht nur Christen, Jesiden oder Juden, sondern alle, die nicht der Koraninterpretation des IS folgen, also auch schiitische Muslime und Sunniten, die nicht dem IS folgen. Der IS hat, anders als die Taliban, einen globalen Anspruch mit einer transnationalen Perspektive. In verschiedenen Weltregionen haben inzwischen militante islamistische Gruppierungen dem IS Treue geschworen. Zu diesen IS-Ablegern gehört auch der IS-K in Afghanistan. Das K steht für Khorasan, eine historische Region in Zentralasien, die auch Afghanistan umfasst. Die Mitglieder des IS-K setzen sich aus ausländischen Kämpfern dschihadistischer Organisationen, aber auch aus ehemaligen Taliban-Kämpfern zusammen.

**Jamiat-e Islami:** islamische Partei und Widerstandsgruppe von Burhanuddin Rabbani. Eine der stärksten Widerstandsgruppen während der sowjetischen Besatzung und später im Bürgerkrieg. Die meisten ihrer Mitglieder sind ethnische Tadschiken aus dem Norden und Westen Afghanistans.

**Kafir:** Nichtmuslim, Ungläubiger.

**Kalifat:** islamische Staatsform unter den Nachfolgern oder «Stellvertretern des Gesandten Gottes», des Propheten.

**Karzai, Hamid (geb. 1957):** Präsident Afghanistans von 2002 bis 2014. Karzai ist der Sohn des Anführers des Paschtunenstammes der Popalzai. Sein Vater und sein Grossvater dienen in der Regierung von Zahir Shah. Unter der sowjetischen Besatzung leben die Karzais im pakistanischen Exil. Karzai studiert in Indien Politikwissenschaften. 1978 bis 1992 unterstützt er die Mudschaheddin in Afghanistan im

Kampf gegen die Sowjets und reist oft in die USA, um Unterstützung zu sichern. Als die Taliban in den 1990er Jahren die Macht übernehmen, flieht er erneut ins pakistanische Exil. 2001 wird er auf der Afghanistan-Konferenz in Bonn zum Interimspräsidenten bestimmt und im Juni 2002 von einer Grossen Ratsversammlung, einer Loja Dschirga, zum Präsidenten ernannt. Er bleibt bis 2014 im Amt.

**Loja Dschirga:** traditionelle, grosse Stammesversammlung. Eine Dschirga, Versammlung, ist die Art und Weise, wie Paschtunenvölker Konflikte zwischen Stämmen, Familien oder Individuen lösen oder andere wichtige Angelegenheiten klären. Eine Loja Dschirga, also grosse Stammesversammlung, wird viel seltener und auf nationaler Ebene mit den wichtigsten Vertretern aller unterschiedlichen Stämme einberufen. Im Juni 2002 wurde eine Loja Dschirga einberufen, um die Übergangsregierung zu bestimmten.

**Madrassa:** Koranschule.

**Malik:** gewähltes Dorfoberhaupt.

**Mahram:** männlicher Familienangehöriger, der eine Frau nach islamischem Gesetz auf Reisen oder ausserhalb des Hauses begleiten soll.

**Maulana:** religiöser Titel, vor allem in Zentralasien und auf dem indischen Subkontinent, für angesehene, muslimische, religiöse Führer und Gelehrte gebraucht, die in Madrassas und religiösen Institutionen studiert haben.

**Mawlawi:** ein islamischer Rechtsgelehrter.

**Mudschaheddin:** heilige Krieger für den Islam. In Afghanistan werden die Kämpfer, die während der sowjetischen Besatzung gegen die Sowjets kämpften und von den USA, Saudi-Arabien und Pakistan unterstützt wurden, Mudschaheddin genannt. Nach dem Abzug der Sowjets, im Bürgerkrieg der 1990er Jahre, kämpfen unterschiedliche Mudschaheddin-Gruppen gegeneinander.

**Mullah:** Vorbeter in der Moschee, einfacher Geistlicher und Koranausleger.

**Najibullah, Mohammad (1947–1996):** Präsident Afghanistans während der sowjetischen Besatzung, wird 1992 gestürzt und 1996 von den Taliban gefoltert und umgebracht.

**Nan:** Fladenbrot.

**NATO:** North Atlantic Treaty Organization (zu Deutsch: Nordatlantische Allianz).

**NGO:** Non-Governmental Organization (zu Deutsch: Nichtregierungsorganisation).

**Nordallianz:** Nationale Islamische Vereinigte Front zur Rettung Afghanistans. Ein loser Zusammenschluss von unterschiedlichen Gruppen, die den Taliban in den 1990er Jahren Widerstand leisten und deren Anführer Ahmad Shah Masud ist. Von 1999 bis 2001 kontrollieren sie weniger als 10 Prozent von Afghanistan.

**Omar, Mullah Mohammed (1960–2013):** Gründer und Anführer der Taliban. Paschtune, geboren in der Nähe von Kandahar. Er kämpft während der sowjetischen Besatzung mit den Mudschaheddin gegen die Sowjets und verliert bei einer Explosion sein rechtes Auge. Nach dem Rückzug der sowjetischen Truppen lehrt er in einer Madrassa in einem Dorf in der Provinz Kandahar. 1994 schart er eine Gruppe von Koranschülern (Taliban) um sich und gründet mit ihnen die Taliban-Bewegung, sie wollen Frieden und Sicherheit im Land, in dem Bürgerkrieg herrscht, herstellen und marschieren 1996 in Kabul ein. 1996–2001 Emir im Islamischen Emirat Afghanistan. Nach den Anschlägen vom 11. September weigert sich Mullah Omar Osama bin Laden an die USA auszuliefern, und taucht nach deren Einmarsch in den Untergrund ab.

**Paschtunen:** mit mehr als vierzig Prozent Bevölkerungsanteil die grösste Bevölkerungsgruppe Afghanistans. Die meisten Paschtunen sind Sunniten, sprechen Paschtu (neben Dari offizielle Sprache Afghanistans) und leben in Pakistan, in den Stammes- und Grenzgebieten. Das sprachlich und kulturell zusammenhängende Gebiet der Paschtunen wurde

1893 infolge der britischen Kolonialpolitik durch die Durand-Linie geteilt.

**Paschtunwali:** Rechts-, Ehren- und Verhaltenskodex der Paschtunenstämme. Gastfreundschaft, Gemeinschaft und Ehre spielen im Paschtunwali eine tragende Rolle. Der Paschtunwali ist von Stamm zu Stamm etwas unterschiedlich.

**Rabbani, Burhanuddin (1940–2011):** Anführer der islamischen Partei und Widerstandsgruppe Jamiat-e Islami. Präsident von 1992 bis zur Machtübernahme der Taliban 1996. Am 20. September 2011 von einem Selbstmordattentäter in Kabul ermordet.

**Ramadan:** islamischer Fastenmonat.

**Salafismus:** extremistische Ideologie innerhalb des sunnitischen Islam. Salafisten (Anhänger des Salafismus) glauben, dass sie die Einzigen sind, die den wahren Willen Allahs (Gottes) kennen. Nach ihrer Vorstellung ist der einzig wahre Glaube der Islam aus der Zeit des Propheten (570–632). Im Mittelpunkt der salafistischen Ideologie steht der Glaube an einen strikten Monotheismus, wobei Gott für die Salafisten der einzig legitime Gesetzgeber und dessen Wille einzig in Koran und Sunna festgelegt ist. Salafisten lehnen deshalb alle Normen, die auf menschlicher Logik und Auslegung basieren, ab. In dieser Hinsicht ist der Salafismus eng mit dem in Saudi-Arabien vorherrschenden Wahhabismus verwandt. Die beiden Glaubensrichtungen haben starke ideologische Überschneidungen und haben sich gegenseitig beeinflusst, weshalb die Begriffe Wahhabismus und Salafismus sowie Wahhabiten und Salafisten oftmals synonym benutzt werden. Wie die Wahhabiten werfen auch die Salafisten Anhängern anderer islamischer Glaubensrichtungen vor, «unerlaubte Neuerungen» in die islamische Religionspraxis eingeführt zu haben, und bezeichnen sie deshalb – genauso wie Anhänger anderer Religionen – als Ungläubige, die bekämpft werden müssen. Den globalen Einfluss der westlichen Kultur interpretieren Salafisten als Angriff auf den Islam.

**Scharia:** islamische kanonische Rechtsordnung, beruht auf dem Koran, der Überlieferung (Berichten über Mohammed und seine Gefährten) und der normativen Auslegung durch frühislamische Juristen und Theologen. Die Scharia besteht demnach nicht aus einheitlichen, in Rechtstexte gegossenen Schriften, sondern wird unterschiedlich interpretiert. Scharia bedeutet Weg im Sinne von Weg zur Quelle oder Tränke.

**Schiiten/Sunniten:** die zwei grössten Glaubensgruppen in der muslimischen Welt. Ungefähr 90 Prozent der Muslime weltweit sind Sunniten. Schiiten sind mit einem Anteil von ungefähr 10 Prozent an der weltweiten muslimischen Bevölkerung die zweitgrösste Gemeinschaft. In Afghanistan ist die Bevölkerungsmehrheit der Paschtunen ebenfalls sunnitisch, die Schiiten sind in der Minderheit. Der Gegensatz zwischen Schiiten und Sunniten geht auf die Frühzeit des Islam im 7. Jahrhundert zurück, als sich die Schiiten von der Mehrheitsströmung der Sunniten abgespalten haben. Im Zentrum steht der Streit um die legitime Nachfolge des Propheten Mohammed. Die Schia ist vor allem im Iran verbreitet, auch im Irak gibt es einen hohen Anteil von Schiiten in der Bevölkerung.

**Schura:** Rat von islamischen Gelehrten. Heute wird das Wort Schura auch für andere offizielle Gremien verwendet, die Entscheidungsrecht haben. Die Mitglieder einer Schura werden oft für eine längere Zeit bestimmt.

**Shah Masud, Ahmad (1952–2001):** Tadschike aus dem Panjshir-Tal, als «Löwe von Panjshir» bekannt, Anführer der Nordallianz. Er und seine Männer verteidigen das Panjshir-Tal erfolgreich gegen die Sowjets und in den 1990er Jahren gegen die Taliban. Masud wird am 9. September 2001 von Al-Kaida-Kämpfern, die sich als Journalisten tarnen, bei einem Selbstmordattentat ermordet.

**SIGAR:** Special Inspector General for Afghanistan Reconstruction, die Aufsichtsbehörde der US-Regierung für den Wiederaufbau Afghanistans.

**Sufismus:** islamische Mystik.

**Sunna:** bedeutet Handlungsweise, Tradition oder Brauch. Im Islam meint die Sunna überlieferte wichtige Worte und Handlungen von Prophet Mohammed und stellt nach dem Koran die zweite Quelle religiöser Normen dar.

**Taliban:** Koranschüler (wörtlich), Gruppierung in Afghanistan, 1994 in der afghanischen Stadt Kandahar von Mullah Omar gegründet. Die Taliban sind wie die Mehrheit der Afghanen Hanafiten, gehören also einer Rechtsschule an, die sich neben Koran und Hadith auch auf die Lehren des Abu Hanif bezieht. Ihr Handeln und Denken ist stark vom Paschtunwali geprägt, von dem Rechts-, Ehren- und Sittenkodex der Paschtunenstämme. Die Taliban sind eine lokale Organisation und haben ihren Machtanspruch immer auf ein Emirat in Afghanistan begrenzt. Die Mitglieder der Taliban kommen aus der afghanischen Landbevölkerung der Paschtunen (Bevölkerungsmehrheit in Afghanistan). Mullah Omar und andere Gründungsmitglieder sind ehemalige Mudschaheddin, die, unterstützt von den USA, Pakistan und Saudi-Arabien, in den 1980er Jahren gegen die Sowjets kämpfen. Anfang der 1990er Jahren rekrutieren sie Kämpfer unter den paschtunischen Flüchtlingen, von denen viele in pakistanischen Koranschulen ausgebildet werden, und bei den Veteranen der Mudschaheddin. Die Taliban wollen dem anhaltenden Bürgerkrieg und der Macht der korrupten Mudschaheddin ein Ende setzen, und sie erobern mit ihren Kämpfern Mitte der 1990er Jahre Distrikte und Provinzen in Afghanistan, bis sie im September 1996 Kabul einnehmen. Von 1996 bis 2001 sind sie in Afghanistan an der Macht und haben die Kontrolle über ungefähr 90 Prozent des Landes. Osama bin Laden und die Al Kaida haben zu dieser Zeit ihre Basis in Afghanistan. Die Taliban liefern bin

Laden auch nach den Anschlägen vom 11. September 2001 nicht an die USA aus, worauf die US-Truppen in Afghanistan einmarschieren und die Taliban nach Pakistan fliehen, von wo sie den Widerstand gegen die internationalen Truppen organisieren. Seit August 2021 sind die Taliban in Afghanistan wieder an der Macht.

**UNAMA:** United Nations Assistance Mission in Afghanistan (zu Deutsch: Unterstützungsmission der Vereinten Nationen in Afghanistan).

**UNO:** United Nations Organizations (zu Deutsch: Vereinte Nationen).

**Wahhabismus:** puristisch-traditionalistische, fundamentalistische Bewegung des sunnitischen Islam, im 18. Jahrhundert auf der arabischen Halbinsel, im Norden des heutigen Saudi-Arabien, entstanden. Auf den Lehren Muhammad Ibn Abd Al Wahhabs (1703–1792) gegründet, der einen vermeintlichen Heiligen- und Gräberkult im Volksislam, den Sufismus (mystischer Islam) und die Schiiten bekämpft. Er unterstellt diesen Glaubensrichtungen Vielgötterei und verlangt, dass wahre Monotheisten aktiv gegen die Anhänger anderer Glaubensrichtungen kämpfen müssten, da sie sich sonst auf eine Stufe mit den Ungläubigen stellten. Die rigide Dogmatik Ibn Abd Al Wahhabs wird vom Königshaus Saud zur Staatsreligion erhoben und ist bis heute die herrschende religiöse und ideologische Doktrin in Saudi-Arabien. Mit Milliarden von US-Dollars fördert Saudi-Arabien seit Jahrzehnten den Export des Wahhabismus in andere Länder, lässt dort Schulen, Universitäten, Kulturzentren und Moscheen bauen, finanziert Pilger- und Studienreisen. Saudi-Arabien spielt dabei eine zentrale Rolle bei der Radikalisierung von Muslimen in der ganzen Welt. Wahhabismus dient Terrorgruppen wie Boko Haram, Al-Shabab und Al-Kaida als Grundlage. Laut der globalen Terrorismusdatenbank des King's College in London sind wahhabitisch inspirierte Terrorgruppen für mehr als 94 Prozent aller To-

desopfer bei islamistischen Terrorangriffen seit 2001 verantwortlich.

**Warlord:** Kriegsherr; lokale Machthaber in Afghanistan, die sich
während der letzten Jahrzehnte und der damit einhergehen-
den Kriegsökonomie kleinere und grössere Imperien im
Land aufgebaut haben.

**Watan:** Vaterlandspartei der Kommunisten in der Endphase des
Najibullah-Regimes.

**Zakat:** islamische Abgabe für die Armen in der Höhe von 2,5
Prozent des persönlichen Privatvermögens.